教练式育儿

花满蹊 著

山西出版传媒集团
山西人民出版社

图书在版编目（CIP）数据

教练式育儿 / 花满蹊著. -- 太原：山西人民出版社，2019.8
ISBN 978-7-203-11039-2

Ⅰ. ①教… Ⅱ. ①花… Ⅲ. ①儿童教育－家庭教育
Ⅳ. ①G782

中国版本图书馆CIP数据核字(2019)第172683号

教练式育儿

著　者：花满蹊
责任编辑：魏　红
复　审：刘小玲
终　审：姚　军
装帧设计：北京万有文化传播有限公司

出 版 者：山西出版传媒集团·山西人民出版社
地　址：太原市建设南路 21 号
邮　编：030012
发行营销：0351—4922220　4955996　4956039　4922127（传真）
天猫官网：https://sxrmcbs.tmall.com　电话：0351—4922159
E—mail：sxskcb@163.com　发行部
　　　　　　sxskcb@126.com　总编室
网　址：www.sxskcb.com

经 销 者：山西出版传媒集团·山西人民出版社
承 印 厂：天津盛辉印刷有限公司

开　本：889mm×1194mm　1/16
印　张：12.25
字　数：150 千字
印　数：1—1000 册
版　次：2019 年 11 月　第 1 版
印　次：2019 年 11 月　第 1 次印刷
书　号：ISBN 978-7-203-11039-2
定　价：59.00 元

如有印装质量问题请与本社联系调换

别让错误的教育害了孩子一生

徐宏丽

　　许多父母因为没有掌握良好的家庭教育方法，而不知道如何培养孩子。有些父母甚至盲目听信"棍棒教育法"，导致孩子变得叛逆、敏感、疏离、冷漠……这也是有些孩子小时候天赋过人、乖巧懂事，长大后却碌碌无为的原因。

　　其实每个孩子来到世界上时都是一张白纸，父母是在白纸上作画的人，只要从小培养，激发潜能，每一个孩子都可以成为天才。

　　《教练式育儿》里提到的育儿法，是作者花满蹊将教练技术应用在育儿方面的新尝试，教练式育儿的具体操作是通过提问引导孩子思考，激发孩子潜能。

　　花满蹊是儿童学习引导能手，她采用教练式育儿法，成功激发孩子潜能。她的女儿六岁时就会主动琢磨乘法口诀表，七岁时已能对中国历史如数家珍。还爱好编故事，张口即来，天马行空，且有主题、有深度。

　　如今大部分父母都忽略了语言的力量，只知道给孩子好的物质条件，拼命给孩子报补习班。其实想让孩子成才，更重要的是父母的陪伴和日常的交流。

也许有人会问，孩子什么都不懂，父母应该怎么和孩子交流呢？

本书将引导父母科学地与孩子沟通，浅显易懂的小故事和道理，不仅适合父母，也适合需要经常与孩子打交道的教育工作者。通过父母与孩子相处的真实小故事，穿插看似简单却很实用的道理和话术，让你在轻松愉快的阅读过程中，不知不觉地把这些做法运用到与孩子的沟通当中去。

如果你想把孩子培养成主动学习、想象丰富、能说会道的栋梁之材，那么一定不能错过这本《教练式育儿》。

徐宏丽 出版策划

微信号：56469651

资深出版人，策划出版多部畅销书，著有《如何出版一本书》

让孩子成为参天大树

花满蹊是一位独立自主，有着极大追求，对世界充满好奇心，对生命充满热爱的人。随着教练技术学习的深入，她很快就找到了适合自己的方式，不断地迎接新的挑战。

在她的字里行间，我惊讶地发现她七岁的女儿也在快速成长。

原来她正在把教练技术运用到亲子关系中，用心聆听孩子，巧妙地提问，引导孩子更深入地思考。让孩子小小年纪就懂得思索事情背后的意义，产生对事物和学习深层次的好奇，进而迸发出强大的动力。

这个过程中，孩子的领悟和成长，对她产生了强大的鼓舞作用。

有一次，语音写作的学员线下聚会，她把女儿带过来。在这个过程中，我注意到她们经常会有非常深入的谈话，能明显感觉到一种理解、欣赏、支持和爱在她们之间流动。

把书中的理念运用到孩子身上，孩子将会是一个对生命充满爱，会独立思考，并且有能力去应对各种挑战的人。

在这本书中，你可以透过真实而又细腻的小故事，潜移默化地去感知和学习如何运用教练式的方法去育儿，激发孩子的潜能，并从中学习一些思维训练的方法。

　　诚挚地邀请亲爱的读者，学习用教练技术的方法陪伴孩子，养育孩子。让他们在做自己的过程中成长为参天大树，享受生命的喜悦与美好！

《极速写作》作者　　剑飞

没有爱就没有教练

如果用一句话评价花满蹊教练，那就是：用最认真的态度，投入最多的努力，一次做好一件事的精进者。

我是在我组织的书籍领读、共读活动中认识花教练的。每天清晨5点，我们共读一个小时和讨论后，花教练就会围绕自己的感受、收获进行书写和整理，一直到整个活动结束。

这种对活动自始至终的高标准投入，让我很受触动。

之后，花教练参加了我的教练技术共修课程，并成为第一期课程中投入最大、成长最快、收获最多的人。在整个过程中，有三件事给我留下深刻的印象：

一是每次教练课程结束后，她都会联系共修课程的同学去训练。每次训练后，她都会整理文字稿，然后找到可以优化的地方，再次训练和改进。

二是每次教练上课的时候，她都会把自己的女儿小童带在身边一起学习，一个七八岁的小姑娘，可以和自己的妈妈共同学习教练技术，并且沉浸在其中，也充分看出了花教练平时对孩子教育的用心。

三是她对自己教练技术应用有着高标准的要求。我曾经和她说："如果要提升教练技术，一定要出具教练报告。"她立马把这一点落实了。这种用心的态度，让她迅速脱胎换骨，成为一位获得极高评价的好教练。

我也问过她："是什么样的价值让你如此投入？"她说："既然我从中受益，我的孩子和家庭都能从中受益，还有越来越多的人因为我变好了而受益，那么，我为什么不投入呢？"

每句话都谈到了"受益"，我也见证了花教练的受益：在共读活动中，她越来越能够理性地思考和分析；在教练技术的训练中，她不断精进提问和倾听，给孩子更好的教育；在一次次教练服务中，为客户的内在身份发展贡献更多的力量。

既以为人，己愈有，既以与人，己愈多。在让他人受益的同时，自己也成为最大的受益人。她日益成长为一个内心丰盈、充满能量、家庭幸福、兼济天下的高能量个体。

她也把这种能量融合到日常的生活中，尤其是在对孩子的教育和促进孩子内在发展上。她不止一次地告诉我："现在最让我骄傲的是，我的孩子独立性发展得非常好，各种可以支持未来发展的习惯都在持续建立中，孩子和我的交流互动、整个家庭的幸福感都往更好的方向发展。"

花教练把自己的教练经验、育儿经验和盘托出，我相信这一定是她最为精华和宝贵的人生财富。我也有充分的理由相信，她会将教练技术更好地运用到孩子的养育中去，也希望她的经验可以给每一位读者以借鉴。

没有爱，就没有教练。希望她的爱可以通过本书传播得更远，让更多的读者、家庭受益。

幸福进化俱乐部创始人　易仁永澄

孩子是我们未来的期待，也是我们生命的延续。作者一直尝试用教练技术引导孩子和激发孩子潜能，她有一双可爱的儿女，她用教练的敏感视角捕捉到孩子成长的需求。在她的引导下，七岁的女儿已经在喜马拉雅听书 1000 余小时，相当于阅读了 350 多本书。她用教练式育儿法开启了一片新天地，让孩子从小就能了解自己，了解世界，了解如何与人相处。如果你想要知道如何运用教练式育儿法搭建一座和孩子沟通的桥梁，可以在这本书里找到答案。

——上海嘉定洪都村镇银行财务总监 清茶

这是一本将教练技巧融入亲子教育的书，无论你是对教练技巧感兴趣，还是苦于教育孩子不得要领，都能在这本书里获得许多启发。这本书有深厚的理论基础，总结了切实可行的方法，而最打动我的是理论与方法背后深沉而谦卑的爱。以生活为源，以人生图景为海，以教练思维与技术为舟，花花和她的小童老师行驶在爱的海洋里，海洋里是难能可贵的平等心，是无条件的接纳、信任与欣赏。愿你与我读完本书后，能一起实践，成为更好的父母。

——招商局交通科研设计研究院有限公司创新主管，招商局生态环保有限公司技术总监 宁琳

目 录

自序

第二章 教练式育儿法帮助父母成长

第三章 教练式育儿法让家庭更和谐

第四章 教练式育儿法增进亲子感情

第五章 教练式育儿法让孩子更出色

第六章 教练式育儿法让父母更省心

第七章 教练式育儿法让孩子走向成功

第八章 教练式育儿法成就孩子的未来

父母越有办法，孩子成长越快

我把女儿唤作小童老师，她非常喜欢这个外号。女儿经常和我进行深度的沟通，我们彼此把对方当作心灵相契的朋友。

当她有各种负面情绪的时候，我会经常运用我所学的知识，尤其是教练技术来帮助她。给她创造一个安全的空间，接纳她、聆听她。帮助她排除内心的障碍，发挥潜能，发展自我，促进心智的成熟，甚至寻找更大的梦想。

这一年来，她的认知能力提升之快，大大超过了我的想象，尤其是她对我的鼓励，会反过来成为我继续成长的动力。

有不少朋友来问我是怎么教育女儿的，当我告诉他们，我们是怎么交流的时候，他们往往会惊诧于这样的交流方式。

我在当妈妈们的教练时，发现她们在和孩子交流，尤其是在辅导孩子学习方面会面临很多障碍，不但不能有效帮助孩子学习功课，激发孩子想要学习的心，还会影响亲子关系。

所以我非常期待通过这本书，为各位家长排忧解难。

我把和女儿相处过程中，我所使用的一些话术方法和目标管理方法总结了出来，写进这本《教练式育儿》。一方面方便我继续前行，将来能更好地培养我的儿子；另一方面可以抛砖引玉，给其他父母或者是教育工作者以启发和思考，帮助他们和孩子共同成长，同时也让他们的亲子关系更和谐。

本书中会穿插很多小故事，尤其是我和女儿之间的一些成长故事。这些小故事你可能会觉得似曾相识，如果你愿意的话，可以对比一下，面对类似的情况，你的处理方式会有什么不同，这种不同会带给你什么样的启发？

同时，如果你有不同的意见或者有更好的想法，欢迎你主动来找我交流，更多的交流意味着更多的碰撞和更大成长的可能。

第一章

轻松又有效的
教练式育儿法

01

用爱陪伴孩子成长

001

在养育孩子的过程中，最重要的是什么？

在我看来，是爱，是陪伴。

我们要给孩子创造一个安全的环境，让他觉得安心、放松、无忧无虑。

当他慢下来的时候，父母只需要陪伴他，相信他会做出正确的选择，相信他会努力，会做到自己所承诺的事项。

在日常生活中，当孩子受到挫折，或者当孩子取得小成功的时候，我首先想到的是拥抱他。让他知道我跟他在一起，我会全身心地接纳他、理解他、欣赏他和认可他。

拥抱他的时候，我会尽量蹲下来或者坐下来。有时候，如果我比较忙，没有顾及孩子的情绪，孩子也有可能主动来跟我说："妈妈，我需要你的抱抱。"每当此时，我都会赶紧停下手中的事情，继而去拥抱孩子。

接下来，我会问他的感受，比如："是不是哪里不舒服？"

当我确定了孩子的真正感受时，孩子往往会用"嗯"来回应我，情绪也会稍微平复下来。

等孩子的情绪基本稳定之后，我才会去向他了解，到底发生了什么事。这个过程中没有评判，也没有训斥，我不会说"你怎么这么不小心"，也不会说"这有什么大不了，至于这样伤心吗？"之类的话。在我这里，孩子的情绪都是可以被理解和接纳的。

通过拥抱、询问情绪、接受情绪并且不做评价，孩子往往感受得到父母始终是和他在一起的，父母始终会陪伴他们，爱着他们。

孩子把事情经过告诉我之后，我会努力寻找他在整个过程中所做的努力以及做得好的地方。因为教练式育儿法的原则告诉我，每个人都已经做了当下最好的选择，每个人都是很棒的。所以，我会去认可孩子。只有这样，孩子才会在我这里感受到被接纳，找回自信。

然后，我会问孩子："在做这件事的过程中，你有什么样的体会，什么样的发现？你还可以做什么？"这是因为我相信孩子也拥有他自己的资源，而且他也想做得更好。所以，他会结合实际情况，做出最好的选择。

当他想变得越来越好时，我会用态度去告诉他，我始终在他身边帮助他，支持他。

而当孩子茫然失措，想不到其他方法时，我会帮他拨云见日，排除障碍，让他看到他不曾考虑过的关键点。

每个人在成长的过程中，都需要不断地打破原有的思维限制，去开拓新的边界，这样才能成长。如果旁边没有人给他适当的点拨，他就可能被锁死在原来的认知通道里。

所以对我来讲，我就是孩子的教练。我的内心始终充满了爱，我愿意一生陪伴着他们，相信他们，接纳他们。

成长之路必然有坎坷，也必然会有认知的盲区。所以在这个过程中，我会陪伴孩子排除障碍，挖掘潜能。

002

有人说："孩子就像慢慢爬行的蜗牛，不会按照父母的节奏去走路。"就像我在当个人成长教练时帮助客户的过程一样，教练不能按照自己的意图提前想好要问客户的问题，而是要等待客户不断敞开心扉，教练再去挖掘、整合。每一次挖掘，每一次整合都充满未知数，都是一个全新的过程。我们要尽量按照客户的节奏往前推进，教练急不得，同样作为父母也急不得，要按照孩子的节奏往前推进。

那么，作为纯粹的个人成长教练和父母教练，这两者之间有什么区别，会出现哪些问题？

父母如果没有教练的思维，就很容易越俎代庖，凡事包办或者急功冒进，无法给孩子创造一个安全、值得信赖的环境，让孩子按照他的节奏在走。

作为父母教练和一般客户教练，最大的区别在于一般教练是等客户主动来找，我们才会提供服务。反之，我们是不会主动要求教练对方的，因为当客户没有强烈的意愿去改变时，教练的效果也相对较小。

而为人父母者，如果把自己的孩子视为客户，那么这个客户其实是没有选择余地的。

不管孩子是否主动找父母，父母都有责任养育他们，引导他们。之所以用教练的方式育儿，是为了帮助孩子更好地成长。

当孩子有负面情绪或者出现成长问题时，父母除了尽心地陪伴，还可以用教练的话术适当地干预，主动创造教练性质的陪伴。

教练的根本是爱和陪伴，父母也是这样的。我们为人父母者始终对孩子充满了爱，希望能陪伴孩子一生，用爱去滋养孩子。

003

教练式育儿法有五大原则：第一，孩子是很棒的；第二，孩子已经做了当下最好的选择；第三，孩子有充分的资源去做改变；第四，孩子都有积极向上的意图；第五，改变不可避免。

第一，孩子是很棒的。在现实生活中，很多父母总是说别人家的孩子有多好。如果我们相信孩子是很棒的，我们会对孩子充满信任，不会说别人家的孩子比自家的孩子更好。我们会给孩子充分的信赖，充分的认可。

第二，孩子已经做了当下最好的选择。我们相信孩子已经尽力了，就不会经常责骂孩子，而是全然相信他，把注意力聚焦于如何帮助孩子提高，如何给孩子提供支持，如何解决问题这些方面。

第三，孩子当下拥有足够的资源。基于这一点，父母要放手让孩子去努力尝试。我们自己也是孩子的资源，当孩子还在尝试的时候，我们要耐心地等待和陪伴，而不是催促。

第四，孩子都有积极向上的意图。没有哪个孩子不想成为父母眼中的宝贝，不想被父母欣赏、夸奖、认可和关爱。

比如两三岁的孩子还不能够清晰地表达自己的意图，却希望得到父母的爱时；或者想要父母陪伴他，但是父母走开了，这些时候，孩子可能会通过乱扔东西来引起父母的注意。

如果我们能够理解他背后的意图，知道孩子在期待父母能够给他更多的爱和陪伴，我们就不会再去苛责孩子为什么乱扔东西，为什么乱发脾气。

明白了这一点，我们的内心会更加柔软，会对孩子更宽容。比如，当我看到孩子有这样的举动时，我不会再去责骂他，而是会拥抱他，蹲下来问他真正需要什么。

第五，改变不可避免。孩子终归会长大，也一定会改变。

　　当孩子成长得比较缓慢时，我们要相信孩子会努力地做出改变，给他空间，给他提供必要的支持。

　　所以，当孩子做事情时，我会尽量耐心地等待。我知道，孩子的每一段经历都有其意义，每一次探索都是他生命的财富。

　　明白了这些，我们就会愿意放慢脚步陪伴他，让他慢慢地探索，慢慢地成长。

02

什么是教练式育儿？

001

学习教练技术前后，我在育儿方面有哪些异同点呢？

相同点是我一样的爱孩子，一样会经常给孩子拥抱。不同点是，以前我更聚焦于具体的事物层面，而现在我会尽力全身心地感受孩子的需求，透过孩子的行为，去探索其背后的核心价值。同时还会通过孩子的语音、语调、表情关注孩子的情绪变化。并且，在这之后，我还会通过精准提问，让孩子进行深度思考。

孩子之前只能感觉到我的关心、爱和理解，现在他会感觉到被欣赏、被支持和被相信。

自从我学习了教练式育儿法，我和孩子在看待问题和困难时，格局和视野都扩大了。

比如，我会陪着孩子深入思考，这个学期结束之后、五年之后、十年之后、二十年之后，甚至到她的下一代，她会有什么样的期待？她现在所做的改变，将会对那个期待产生什么样的影响？到那个时候她将会成为什么样的人？又会给对身边哪些人带来益处？

想要前往未来，需要先看清未来。当我们有一个更大、更广的视野时，就会迸发出巨大的勇气，足以跨越眼前的障碍，我们也会变得更加积极主动。

002

那么，在教练式育儿的过程中，一个完整的步骤是怎么样的呢？

首先要做到的是关于对孩子情绪的接纳。

当孩子有情绪的时候，尤其是当他有负面情绪的时候，我们需要放下评判，积极地聆听。我们还可以拥抱孩子，拍拍他的肩膀。

在聆听的时候，尽可能避免和他直接面对面，父母可以和孩子并排坐着或者站着，也可以与孩子形成一个 45 度以内的夹角。

这样的位置安排，是为了表明我们并不是想控制整个场面，控制孩子，而是在用爱陪伴他，相信他可以做得更好。

在聆听的过程中，父母需要关注孩子语音、语调的变化，同时抓住孩子语句中的关键词汇，然后有针对性地提问。

当孩子说完以后，可以继续通过"还有吗"提问，来鼓励孩子做进一步的思考探索。

有时候孩子会陷入思考，所以出现停顿是非常正常的，我们只要耐心地等待就好。

在谈话的过程中，如果孩子提到了一堆价值词汇，可以请孩子思考一下这些价值之间的关系。孩子在寻找价值关联的过程中，可能会有新的发现。

以上都是价值观的探索，探索完之后父母需要给孩子创造体验。

003

关于创造体验，可以通过假如问句来实现。比如父母提问："假如你的愿望已经都实现了，你会有什么样的感受？"

这时，父母可以闭着眼睛跟随孩子一起去感受，并且进一步问他，此刻在他脑海中的画面里，会有什么人和事，会有什么颜色，什么声音？总之就是要让孩子充分地感受和体验愿望实现的情景。

接下来再进一步询问他，那时身边的人，尤其是特别看重的人会如何去评价他？他怎么评价自己？那个时候他会成为什么样的人？

如果孩子想不出，可以问一下："你有没有看到过这方面做得很好的榜样？如果有，你可以从榜样身上汲取力量，因为榜样也是一种巨大的资源。"

接下来再去分析他和榜样之间的差距，弥补差距。

请他思考一下，当他成为那样的人时，和现在会有什么不同。

还可以运用度量尺问一下，如果成为那样的人可以打十分，或者他的榜样可以打十分，那么他现在的状态可以打几分？再问一下他想不想缩小这个差距？为了缩小这个差距，他要采取什么样的行动？

父母可以协助孩子制定小目标，比如在一个星期内，他需要用什么行动来达成自己的目标？

最后问孩子："你需要我提供什么帮助或支持，需要我督促吗？"

到截止时间之后，可以邀请孩子对其进行总结，看看有什么经验教训，以及下一步该如何行动。

如此循环，不断进步，孩子独立思考和积极行动的能力必将越来越强。

以上的步骤耗时比较多，所以要在时间允许的情况下，全部讨论一遍。

当然，也要考虑到孩子的年龄。比如孩子在七岁左右有了一定的认知能力，并且有许多任务要完成。在这个过程中，他开始会面对一些问题和压力，也就意味着他会有痛点，所以会更加有动力去寻求改变和提高。

三四岁左右的孩子还太小，可能还不太适合这样高强度的思考。

004

在时间比较仓促的情况下，或者孩子还比较小但又喜欢自己做主的情况下，我们可以随时随地用一些教练话术，引导孩子做选择，其中最重要的就是问清楚孩子究竟想要什么。

孩子一旦明确了自己的需求，往往都能迅速而有效地做出明智的选择，无须家长在旁边唠叨不停而没有效果。

比如，有一天晚上，已经九点了，女儿爬上床准备睡觉，可是她睡不着，不停地问我问题。因为白天她听了英语课，很想跟我交流她的心得，而且有一些疑问在她的脑海中盘旋，所以她时不时地打断正在旁边看书的我。

同时，第二天她要去班里担任小班长，非常激动。事实上，她非常热爱上学，也很期待自己能早点去学校。

在断断续续地回答了三四个问题之后，她再一次来问我："英文的一千零几或者一百零几怎么说？"

我想了一秒钟后，放下手中的书，转过身真诚地问她："宝贝，你是想明天准时赶到学校当小班长，还是想今天晚上一直交流下去，明天迟到也无所谓？"

女儿干脆地回答："我要明天早点到学校，当好小班长。"

"那好，妈妈先把你的问题记到本子里，明天我找时间回答你，行吗？"

女儿开心地笑了，她放下心来，很快就睡着了。

005

另外，家长要巧妙地给孩子鼓励。

即使昨晚孩子和我交流英语到很晚，但她第二天早上还是按时起床了。虽然看起来她没有睡够，精神也还没有完全恢复，但是她没有拖延，一下子就起床了。

当孩子坐在餐桌前吃早餐时，我一边帮她梳辫子，一边说："虽然你睡得很晚，但今天你还是能早早地起床洗漱吃早餐，你真是一个对自己很有要求的人。"

孩子听了我对她的欣赏，对我会心一笑。

有一天晚上，先生出差不在家，我带着两个孩子在书房。女儿在认真地写作业，儿子在旁边玩他的小汽车，还不由得自言自语。这时，儿子的行为有一点干扰到女儿了。

我对女儿说："在有弟弟干扰的情况下，你还能专心地坐在这里写作业。你这种专注力，真了不起！因为你知道每天及时完成复习、预习和家庭作业，养成一个良好的习惯对你来说很重要。而且你也相信要想持续进步，必须每天坚持。你真是一个特别自律的人。我希望我可以一直陪伴着你和弟弟，共同成长，我们将来都能变成很自律、很厉害的人。"

女儿听了以后，特别受鼓舞。她还主动跟我说："妈妈，我先把这个做完，你先陪弟弟玩一会儿，我遇到不懂的地方再问你。"

这两件给孩子鼓励的事，其实运用了逻辑层次。所谓逻辑层次，一共有六个层次，自下而上分别是环境、行动、能力、信念价值、身份和愿景。

当我们看到孩子某一个具体的行为时，如果要夸他，就从他的行为入手，夸他具有什么样的能力，因为他相信什么是最重要的，他是一个什么样的人，最后再表达和他在一起的愿景。

当然，如果孩子犯了错需要指出来，或者稍加批评的时候，要私下进行，并且只能就事论事，不能上升到身份层次，给他"扣帽子"，那样只会适得其反。

006

总之我们始终要带着好奇，探索孩子通过一件一件的事情，终将成为什么样的人，随时给他鼓励，并且通过提问让他意识到自己要成为这样的人需要具备哪些能力，需要相信什么，又需要做些什么。

当孩子一次又一次主动或被动地追问自己，内心真正想要的是什么？他就会逐渐认清现实和理想之间的差距，把注意力投注在他真正想要实现的愿景和目标上，从而更加关注行动的落实和成果的获取，也就更加独立自主了。

当然，父母也要做好榜样。父母的高度就是孩子的起点，当父母在不断地进步，能把更多新的东西分享给孩子，帮助孩子打开视野，孩子就能看到一个更加广阔的天地，也会更有探索世界的欲望。

适当的时候，父母也需要给孩子一些指导，尤其是在涉及人身安全方面的事情，父母更加要坚持底线。有教练式育儿法的加持，孩子会成长得更好。

父母也要不断地成长，不断地阅读、改变。并不是要父母做苦行僧，因为这是一件非常有意思的事情，能让你的内心充满愉悦。

最后，还有很重要的一点是恩爱的夫妻要求同存异。遇到事情商量解决，可以给孩子创造和谐、宽松的生长环境。这也是父母送给孩子最好的一份礼物，是孩子成长的基础。

03

父母是孩子的终生导师

在正式为客户做教练的过程中，我们要通过聆听和提问，帮助客户认清价值，寻找自己真正想要的东西，并且帮助客户去创造体验，让他有勇气去追求。

更重要的是，一定要让客户认清他想要的和现实存在何种差距，进而找到落地的行动。学得多，懂得多，不如学得精，懂得深。而学得精，懂得深，还要靠练得多。

练习的时候要刻意练习，而不是无目的、机械式的练习。

按照永澄老师的说法："刻意练习包含四个标准：第一，学习高手的思考方式。第二，要获得高手的及时指导和反馈。第三，要拒绝自动完成。第四，要做大量的、重复的练习。"

平凡如你我，不可能随时随地都能找到适合自己的高手，常常要因缘际会，被动或者主动地寻找高手。

而孩子未经世事，尤其在学校里，一个班有几十个学生，老师时间、精力有限，不可能面面俱到地照顾到每个孩子。

如果父母能够保持终身学习、终身成长的态度，从而有效、及时地给孩子指导、反馈、鼓励、陪伴和爱，孩子就能持续健康地成长。

如果父母具备一定的思考和学习能力，并且能随时随地引导孩子去发展思考和学习的能力，那么孩子即使刚开始走得慢一点，日后却很可能会厚积薄发，从而获得更大的发展。

相反，一些父母只是一味地担心孩子输在起跑线上，拼命把孩子往各种培训机构里送，生怕他们少学一点知识。孩子为了应付这些作业，疲于奔命。而那些培训机构里的老师要面对很多学生，他们未必能给学生及时的指导和反馈。

孩子每天的生活，除了学校，就是家庭，家庭生活占据了孩子的大部分时间。

在学校里，孩子一节一节地上课，不停地做题。如果在家里能让孩子有喘息的机会，并且让孩子多花一些时间去思考、去领悟、去探索世界，那么他会成长得更好，基础也会打得更牢。

现今社会，网络课程多如牛毛，网上高手如云，就连父母们也疲于奔命，努力学习，力图解决中年危机。

作为孩子的父母要明白，学习不只是去听一堆课，更重要的是践行以及获得高手的及时指导和反馈。否则有可能会陷入自卑、焦虑的泥沼之中。

作为父母要找准真正适合自己的东西，聚焦于某一件适合自己的事情，做精、做深、做透。我们还可以通过写作去找到自己，找寻自己内心真正想要的，并且挖掘自己的优势。如此才能对目标更加笃定，也能每日有所长进。

做到这一步的父母再去不断地指导孩子，在每日的学习生活中发掘孩子的优势，帮助孩子勤于思考，多加练习，并且加以总结，如此才能真正驾驭学习，而不是被学习所困。

诺贝尔奖获得者赫尔伯特·A·西蒙在他的自传《我生活的种种模式》中，提到了自己的父亲，他把他的父亲描绘成一个值得称赞的人。那本自传中，他写道："在我成年后，我对他的尊敬和爱加深了，而与我母亲的距离却增加了，现在我经常想起他而不常想起母亲，我今天的价值观很难与在我成长时，父亲所表达的以及他所身体力行的价值观区别开。我哥哥在中学时常与父亲发生冲突，而到成年后也变得越来越像父亲。虽然他的兴趣较窄，而且不太温和，但他和父亲有相似的基本价值观，甚至同样喜爱钓鱼和木工，同样坚定不移地以诚待人……"

不可否认，每位家长都望子成龙，望女成凤。他们希望孩子拥有幸福快乐的人生，可是幸福快乐乃至成功的人生自有其生长的土壤。

当孩子长大后，我们会发现，孩子都变成了父母的翻版。

如果父母不思进取，不懂得爱和爱的方式，那么孩子在这样的家庭中就如同生活在荒漠之上。想要在这样贫瘠的土地之上长出丰硕的果实，恐怕是一种痴心妄想，只能看孩子的造化了。

如果父母拥有更成熟的心智，懂得爱与被爱，心胸开阔，并且拥有相当程度的学习能力和思考能力，那么孩子将在父母的言传身教之中慢慢习得这样的心智和能力。

而现实生活中，我们也会发现有很多父母，其中一方意识到自己要成为孩子的榜样，对孩子言传身教，给孩子适时的指导。而另一半却似乎不为所动，并没有这样的意识，或者是哪怕有这样的意识，也不会采取行动。

如果你就是那个希望成为孩子榜样的人，那么请放下心来，慢慢做好自己，同时闭上嘴巴，少对你的另一半唠叨。先让自己慢慢改变，当你的另一半发现你和孩子在积极变化时，他会感觉得到，他也会开始认可并且采取行动向你看齐。

相信我，你会变成一个更好的自己，从而给孩子创造一个更好的成长环境，这将会是你一生中送给孩子最好的礼物。

04

学习和成长是自己的事

在作为教练的过程中，我经常发现有的全职妈妈想要学习，想要成长，但面临很多困难。一方面是自己没时间，另一方面则是家人的不理解甚至反对。他们会觉得你工作、带孩子已经很辛苦了，何必那么拼，把自己搞得筋疲力尽的。每天花那么多时间去读书，似乎是一件没有必要的事。

我也曾遇到过类似的问题。

我的先生最开始也很不理解，不支持我去学习、成长。那么我是如何一点点地得到先生的理解和支持的呢？

第一，要认识到每个人都会有不同的价值观，这些都是在过往的经历中一点点塑造出来的。

如果没有和对方完全一样的经历，我们就没有资格对别人的价值观随意评价。

尤其是成年人，每个人都有权去选择自己的路，我们能做的就是充分地理解、尊重甚至欣赏这个人。

如此，我们才能够充分地看到这个人的优点，忽略他的缺点。

第二，要认识到改变要从自己做起，不能强求对方先做出改变。

以前我就是那样，总要求先生多爱我一点，要求他时时刻刻站在我的角度考虑。

而我却很少站在他的角度考虑，不关心他是否已经很疲惫了，也没有觉察到他已经为家庭悄悄做了很多事情，只不过他不喜欢把自己所做的这些事情挂在嘴上罢了。

第三，要去仔细观察和另一半之间有没有一些固有模式存在，而这些模式有没有一直困扰着双方，导致双方的交流产生各种问题？

所谓固有模式就是出现某一件事情的时候，你会自然而然地产生的一个反应。比如，以前只要我先生一皱眉，声调一提高，我就认为他太凶，我马上就会被激怒。事实上他就是这样的性格，其实他很多时候说完以后并不往心里去，只是我过于敏感了。

我曾听说过，有一对家境优越的夫妻，两个人经常为一些琐事吵架。比如，太太会经常抱怨先生上厕所的时候不把马桶盖掀起来，不照顾女性。

想要解决"固有模式"的存在，就要学会刻意改变行为，当一件事情再出现问题时，我们可以用另外一种新的行为去替代原本的习惯。

比如，当先生皱眉和提高声调时，我会刻意温柔地注视着他，并询问他的需求。

就这样执行了两三个月，我们就很少再争吵了，我也很少被他的这种性格所激怒。

第四，要相信改变是一定会发生的，相信对方是行的。所以自己先一点一点地改变，等待对方理解和接受。

第五，要学会在别人的错误中承担自己的责任。

当对方做得不对时，要第一时间把自己的注意力从别人的错误中转移出来，去思考自己还可以再从中做点什么，改变现状。

当自己努力寻找对方的需求，努力思考自己可以承担的责任并积极采取行动时，对方也会看在眼里，他也会相应地去改变，去配合，去采取行动。

这就像一个正向反馈，当你做得越多，改变越大，越会激发别人进一步的反馈。对方看到你的诚意，看到你的努力，也会尝试着去做一些事情或者改变。

第六，要提高自己的认知水平，当自己懂得更多，很多事情就会看得更通透，也就不会那么在意了。就像你站在平地上，蹲下来看一只蚂蚁，至少你能看清它在移动。当你爬到二楼、三楼、四楼甚至更高的楼层时，你根本就看不到蚂蚁了。站在更高的层次，之前你觉得看似很大的那个问题，现在已经不存在了。

人就是这样，当你看得更高、更远，格局更大以后，就会发现很多问题其实都不值得去计较。

那如何提高自己的认知水平呢？

首先，要经常阅读。并不是指在手机上翻一些三手四手的信息，也不是去翻阅一些公众号，而是去读一些真正经典的书籍，里面的思想往往能够让你豁然开朗。

当你真正开始阅读时，你会发现，前人已经总结了很多行之有效的原则和方法，只要我们努力去学习并加以实践，我们就能够取得重大突破。保持主动而深入的阅读，可以有效地避免我们把宝贵的时间浪费在大量无效的探索和反复的试错之中。

其次，要去寻找身边的高手来陪伴、指导和教练自己。人是有惰性和认知局限的，我虽然做教练，但是有时候也会迷茫。一路走来幸好有几位老师，还有一些教练朋友陪伴着我。当我感觉缺乏力量，彷徨的时候，他们会热心地指导我，让我豁然开朗，重新出发。

比如我的好朋友阳光姐，她也和我一样，在学习个人成长教练法。有一次她在为我做教练之后，给了我一个反馈，她说："其实我觉得，你的先生可能比你更需要爱和关心。"

这个反馈让我打了个激灵，我从未注意到这个方面，没有特别去关注先生的需求。从那以后，我会花更多的心思去观察先生的喜好，后来想想，我真的为他做得很少。觉察是改变和成长的第一步，如果没有觉察，没有这种意识的改变，那么行动和改变就会无从谈起。

第七，要尝试增加和对方共处的时间并加深沟通。

比如最开始我在跟老师学习的时候，我偷偷摸摸地，怕先生笑话，也怕先生阻拦我。其实，越是藏着掖着，越会让自己有心理负担。

后来，我在老师的指点下，慢慢地尝试把自己在学的和做的一些东西跟先生分享。

比如我在写作的时候，我会尝试把我的石墨文档分享给先生，让他更多地理解我。

第八，要和家人创造一些共同相处的美好时光，留下美好的记忆。与家人在一起的时候，自己要全身心地投入。

曾经有一段时间我挺傻的，一边和家人一起郊游，一边在做别的事情。比如戴着耳机听课，吃得心不在焉，一心两用，先生自然会感到很不满。

第九，我会积极地把自己所学的东西，尤其是教练技术、目标管理和时间管理这些方法运用到生活中，尤其是运用在育儿方面。

在这个过程中，孩子很快地成长起来。孩子的进步，先生也看在眼里，慢慢地他就开始认识到学习的效果。

有一天，正在读幼儿园小班的儿子不肯上学赖在家里的时候，先生跟我说："你好好引导一下儿子，运用你的教练技术。"当我听到这句话的时候既惊又喜，我没有想到先生如此认同我的教练技术。虽然儿子还太小，不是很适应教练技术，但是能获得先生的支持，我还是非常开心的。

第十，当我们在出现一些争执的时候，或者双方有不同看法的时候，要想办法先承认对方的观点，然后才能跟对方说，如果要把某一件事情处理得更好，还有没有其他更好的方法。

也就是尽量避免直接批评和否定对方，而是先去认同对方，然后找出锦上添花的办法。

以往的时候我可能会说："你怎么能这样做呢？你怎么可以这样对我呢？"

后来我就会说："嗯，我知道了，你说得很对，这个地方我确实做得有问题，你看这样行不行……"

我会先认同对方的看法，然后看看我还可以做一些什么，能让整件事情变得更好。

所以，我大概花了一年的时间，慢慢地让先生理解并接纳教练技术，他还开始支持我的学习和成长。

这一年的经历让我认识到：要相信改变是一定会发生的，相信对方是可以做到的，相信对方可以有自己的选择，对方也想让事情变得更好。

生活一定会变得越来越好，在那之前，我所要做的就是勇敢地改变自己，学会在别人的错误中承担自己的责任，同时也去学会欣赏和感激别人的好。

在这个过程中再去努力提高自己的认知水平，并且让他看到自己的学习和成长所带来的改变。

最后他就会理解你，接纳你，支持你。

相信我，我可以做到，你也可以做到，你值得这样去做。

05

这个世界本来就不完美

001

心态对我们真的那么重要吗？拥有积极或者消极的心态，对我们的人生会有什么影响呢？

高中时期曾经发生过这样一件事情，至今想来我都觉得惭愧不已，同时也让我警醒。

有一天，一个和我比较要好的女同学跟我说："我再也不想跟你做朋友了。"我大吃一惊，问她："为什么？"

她非常郁闷地说："你整天愁眉苦脸的，还经常抱怨。你这种郁闷的心情和消极的状态，给我造成了极大的困扰。再这样下去，我也要消沉了，所以我不打算继续和你做朋友了。"

果然，后来她几乎不跟我说话了。虽然我们住在同一个宿舍，但她和我形同陌路。

为什么会这样呢？我并没有主动去伤害她，或者故意把她当作情绪的垃圾桶。我只是因为家贫母病，忧心忡忡，再加上我是从农村到县城读书的，心里很自卑，无意之中就把这种既担忧又自卑的状态挂在了脸上，从而带给同学以负能量。

我来自农村，家里非常困难，当时我虽然考上了县城的重点高中，但是父母并不打算让我去读。因为我们村里已经很多年没有出过大学生了，尤其我又是个女孩。对于农村人来说，父母并不愿意把钱投在一个将来要嫁出去的女儿身上。

父母虽然不至于那么重男轻女，但是家里孩子多，母亲又生病，家里的情况实在是特别糟糕，他们甚至把我送到了广东打工。后来费尽周折，我好不容易上了高中，但是每次学费都交得异常困难。

我一方面担心自己考不上好的大学，另一方面又忧心给家里造成太大的负担，还忧心没有生活费，没有学费。同时，因为是第一次来到城市里，我感觉到特别自卑。

因为这些问题，我以前在小学、初中的那种作为尖子生的自信心都被生活的重压摧毁了。我处于自顾自怜的状态，感觉前途很渺茫，忧心忡忡，进而下意识地把这些消极的情绪流露了出来。

或许有人认为，我应该去苛责这位同学，问她怎么会这么自私，不在这个关键的时刻帮我一把，宽慰一下我？

其实不能怪她，毕竟大家都是十五六岁的孩子，很多东西都还不懂，无力承受那么多事情。更何况我成天死气沉沉的，给她造成了很大影响。如果换成是我，我也会做出和她一样的选择。

我为我给她带来的这种困扰感到非常抱歉。而这件事情和这种抱歉让我警醒，一个人一定要保持积极的心态，这样不仅能帮助自己，也能够帮助他人。

试问如果让你选择，你更愿意和哪种人经常待在一起呢？一种是经常把微笑挂在脸上，成天乐呵呵的，感觉凡事都难不倒他，凡事都会从积极的方面去想并且采取行动，去做出改变的人。另一种是每天牢骚不断，愁容满面，遇事总在那里抱怨，去想它的消极面，即使厌恶自己的状态，也不愿意做出任何改变的人。

我想任何人都会选择第一种，而不会选择第二种吧。

002

积极的心态为什么那么重要呢?

人的时间精力是有限的,人的生命也是短暂的。如果整天唉声叹气,消极遁世,毫无疑问会浪费自己的时间。

积极的心态意味着我们会面向阳光,面向未来,会把注意力聚焦在事情、问题的本身,然后去分析它的原因、重要性,寻找解决方法。

当我们把注意力聚焦于解决问题时,我们就会发生改变,事情也会有新的改变,我们自然也就不用去抱怨了。

积极的心态意味着解决问题的开始,也意味着可以自己塑造一个积极向上的形象,可以吸引到更多的朋友,从而给自己带来更多的资源和友谊。

因此,我们要培养孩子的积极心态。

我的女儿是一个心智相对比较成熟的孩子,在班里年龄比较大。所以一开始,幼儿园的生活她适应得很好,但是,后来渐渐地她就经常不肯上学。

她列举了很多原因,每一次都被我不断地引导,最终妥协,选择去学校。有时候我已经上班了,她就被婆婆强行背到幼儿园去了。

后来,女儿经常跟我提到一件事情。她不喜欢幼儿园里的某位老师,但凡那位老师当日值班,她就会抗拒上学,虽然很多次都被我们逼着劝着去了学校,但是她经常闷闷不乐,甚至有时候说着说着就伤心地哭了。

当时,先生觉得小孩子还太小,不懂事,太敏感了,没有看到老师的良苦用心。我也觉得孩子需要历练,不可以太娇气,再则换学校也挺麻烦。所以我也是极力地说服女儿,说这位老师有一些地方是好的,希望女儿能够以积极的心态去面对。可惜,她始终对这位老师很抗拒,又不得不去上学。

我们希望随着时间的推移，孩子能够渐渐接受这位老师，看到这位老师的好。

直到暑假来临，女儿已经大班毕业了的时候，我才开始真正理解女儿的苦。

当时我已经学习了一些教练技术。有一次，我们聊天的时候，谈到了我正在看的一本书《终身成长》，提到一个人要保持成长型心智，要以积极的心态面对身边的人和事。

女儿马上联想到了幼儿园的那位老师，她说："那位老师就是典型的僵固式心智。"

由于已经学习了教练技术，这时我已经开始尝试不去评价她，而是去理解到底发生了什么事。

女儿说："这位老师成天板着脸，幼儿园三年几乎没见过她笑。"那位老师经常对孩子们说"你们什么都不懂"，也很少去鼓励和认可孩子，还经常不了解具体情况就批评所有人。

女儿还说："我上课的时候特别认真，只有下课的时候才说话，即便是这样，老师也经常不去了解实际情况就盲目批评。"

相反，别的带班老师成天都笑呵呵的，也经常鼓励他们，认可他们，所以女儿觉得那些老师特别亲切，就像妈妈一样。只要碰到别的老师值班，女儿总会开开心心地去上学，要是遇上只有那个她不喜欢的老师值班，她就会可怜巴巴地要求我准许她在家。

女儿这些话让我想到了很多。有一次，学校里举行亲子运动会，在热身阶段，这位老师在前面带着大家做热身操。我注意到她全程都没有笑容，而且眼神也不知道看哪里。其他班的老师都非常投入，笑眯眯地带着孩子们做操，这位老师却始终板着脸，好像一点都不情愿的样子，做的动作也非常敷衍。

女儿对我说："妈妈，现在我终于从幼儿园毕业了，再也不用去这个讨厌的幼儿园了，这三年幼儿园压得我喘不过气来。"这哪里是一个幼儿园刚刚毕业的孩子说的话？我意识到了问题的严重性。

我专心地倾听了她，然后深深地拥抱了她，并且告诉她："我为过去没有好好地倾听你感到抱歉。"女儿听了，声音都哽咽了。

003

在这件事上，女儿已经尽自己能力做到了最好。她选择躲在家里，当我们尝试去跟她沟通的时候，她也不止一次地告诉我，她不喜欢这个老师。

当我一次次去说服她的时候，她也选择了配合，而且有一段时间，我鼓励女儿去发现这个老师的优点，女儿也做了很多尝试。

当时我们有时候会让她在家待一天，接下来她还要继续去学校，她也配合了，哪怕她自己并不开心。

想到这样的一段经历可能会在女儿幼小的心灵留下阴影，我感到很难过。

我尝试着温柔地问她："经历这样的老师，对你来说有什么积极的意义吗？"

她思考了许久，非常坚决地跟我说道："妈妈，我长大了，不要做她这样的人，我要做一个积极向上的人！"

我为女儿的决心感到开心，继续以鼓励的口吻问道："宝贝，还有吗？"

她又沉思了一会儿。

突然，她似乎有了一个巨大的发现，这种发现让她迸发出巨大的力量。她脸上泛着光，大声说道："妈妈，我知道了！要接受不完美的世界。碰到这样的老师让我知道了，世界上还有很多消极的人。如果我一直没有碰到这样的人，等我长大了突然碰到这样的人，我肯定会不知道该怎么办。现在我碰到了这样的人，我就知道了，原来世界是不完美的，我要接受这样的情况。而且我长大了，不要成为他这样的人，我要成为一个积极向上的人，成为一个具有成长型心智的人。去积极乐观地面对身边的人和事！"

女儿的这段话让我心里长叹了一口气，我想，女儿应该可以从这段阴影里慢慢走出来了。

我欣喜地再一次拥抱了女儿，夸奖她小小的年纪竟能有如此的思考和认识，妈妈为她感到骄傲，也因此感到放心。

我们终于达成共识，那就是要以积极的心态去面对所有事情，要以乐观向上的心态去面对身边的人。这样，不仅能帮助自己，还能够帮助别人。

经过那次长谈之后，女儿已经能够以非常轻松的心态来面对自己的幼儿园生活。虽然她依然不喜欢那个老师，但是她已经能够从那个阴影中走出来，而且平时也会要求自己去积极地看问题，她也变得越来越开朗外向了。

感谢我过往的经历，让我懂得积极乐观地笑对人生，从而给身边的人带来光和热。也感谢女儿有这样的经历，让她学会更好地处理那些曾经给她带来不快的经历或者人。

第二章

教练式育儿法
帮助父母成长

06

协助孩子制定目标和计划

001

没有目标可以吗？当然可以。

可是，如果有目标，尤其是有明确可行的目标并采取行动，我们的人生将会截然不同。

这一年来，我一直在跟随目标管理专家永澄老师学习目标管理，对于目标管理和成果导向，我有了越来越深刻的认识。

暑假里，应女儿的要求，我为她制定了暑期计划且做了一次教练式的深谈，让她获得了巨大的动力。并且在暑期结束的时候，我还和她一起做了一个深刻的反思复盘。这让我对如何把目标管理和成果导向的教练式谈话应用到育儿当中，有了更深刻的认识。

有一天晚上，我正在陪女儿洗澡，她突然跟我说："我不知道接下来的暑假生活应该怎么过。"并且要我给她做个计划。

我们为了让女儿能就近上学，6月初的时候就搬到了目标小学附近。也因为这样，她之前一直在上的跆拳道班和英语培训班都因为太远而停了，她之前的画画培训班早已经结束，我们也没有给她报别的培训班。所以小学开学前的这一个多月时间，她就没有固定的节目，不知道自己应该干什么了。

只是，我没有料到孩子会主动找我给她制定计划和设定目标。我又惊又喜。

我不由得夸奖道："宝贝，你都想到做计划了，真的是非常积极主动，你太棒了。像你这么小的孩子，一般都想不到让父母帮忙做计划的。我猜有的父母主动要求给孩子做计划，孩子估计还不乐意。"

她听了非常开心，催着我赶紧帮她。

我想了想说："做计划最重要的就是要以成果为导向，不要为了计划而去做事情，关键是要出成果。你希望通过自己的暑假计划，获得什么样的成果呢？有成果，才能说明我们做的事情是有用的。妈妈希望你不仅能取得成果，还希望你在这个过程中开心、快乐。"

女儿点点头，表示听懂了。

我接着说："你喜欢画画，也善于画画，如果你能做到每天画完一幅画，那么等到暑假结束的时候，你就可以得到 35 张画了。"

女儿听了很兴奋，马上说："妈妈，我要一天画两幅！"

"两幅画？你不用给自己很大的压力。不过这样很好，如果你想每天画两幅，那你就去画吧。"

我虽然有些担心她无法完成，但既然女儿自己要求，而且那么有信心，就放手让她去做吧。

"同时，你那么善于讲故事，你画完一幅画以后，可以再把相对应的故事编出来，讲给我们听。我会帮你录下来放到喜马拉雅平台，每一个故事至少要讲五分钟。等到暑假结束的时候，你在喜马拉雅平台将会有 35 段五分钟以上的故事录音！"

女儿满口答应，说："这个没问题！"

"还有你之前一直在练习跆拳道，要不要通过这个暑假继续去练习跆拳道？就像去年暑假一样，一周三次。等到暑假结束的时候，你又可以继续考级，变成黄绿带，这也是一个成果。"

女儿也很爽快地答应了，我很开心。

002

等到当天晚上 9 点半，女儿准备睡觉了。我关上大灯，开了台灯，陪伴在女儿的身边看书。

由于平时工作繁忙，我基本上是利用清早家人没有起床的时候，和孩子们晚上睡觉之后的时间学习。

我正在聚精会神地阅读时，正躺在床上发呆的女儿突然跟我说："妈妈，我感到很迷茫。"

我有些震惊，我可是第一次听女儿这样说。

永澄老师提过："情绪是发现问题的钥匙，而问题是成长的契机和基石。"既然女儿主动跟我诉说自己的烦恼，这样的机会千载难逢，我肯定要积极主动地帮助她。

想到这里，我马上把书放下来，转身面对女儿："宝贝，我们聊一会儿好吗？"

女儿一听，一骨碌就爬起来了。

于是，我们开始了面对面的深入交谈。

"宝贝，发生了什么？你怎么会突然感到迷茫？妈妈第一次听到你这样说。"我问女儿。

"妈妈，虽然你刚才给我说到了计划，但我还是不知道暑假生活应该怎么过。想到还有三十几天的暑假生活，我不知道该干什么，就觉得很迷茫。"女儿有些愁眉苦脸的。

她接着说道："跆拳道我还是不想去练，我觉得那不是我喜欢的，我不想去了。"

"嗯，你决定了吗？你确实不想去吗？"

她非常坚决地告诉我："不想去了。"

我知道，强迫孩子是没有用的，关键是要通过一些方法，巧妙地激发她的好奇心，引发她的兴趣，如果她最终还是没有特别的兴趣，那就放弃好了。反正世界上还有很多机会，让孩子慢慢地发现自己的兴趣点方为上策，毕竟兴趣是最好的老师。

接着我问她："宝贝，那你自己想要的是什么呢？"

她开动小脑筋回答道："有趣一点的，可以用来消磨时间的事情。并且，除了画画、看书、听书之外，还能有闲暇时光。"

我接着问："那你刚才洗澡的时候说每天画两幅画，为什么这么重要？"

她说："这样就可以建立节奏感，让自己变得更厉害。不一定要成为名人，但一生可以过得很精彩。我不想把所有的优势都丢了，不想像小猴子那样，捡了芝麻丢了西瓜。"

"画画可以帮你保持节奏感，也可以保持你的优势是吗？"

她很肯定地说道："是啊，至少可以保持自己的优势。"

"所以，宝贝，画画是你的优势，你会继续画画，然后每天还会把画里要传达的故事录音并发布出去，对吗？"

女儿肯定地说："是。"

"嗯，那么每天晚上编故事和录音 5 到 10 分钟，会让你成为一个什么样的人？"

"会成为一个在舞台上特别能说会道的人！"她响亮地回答道。

"那看书又为什么对你那么重要？"

她马上接着："妈妈，我想要买新书，有图画的那一种，这样我自己可以看。我现在还不太认字，所以书里面的意思要跟插图的意思差不多。在看《老鼠记者》的时候，我从画里猜出来的意思和你按照文字讲出来的意思相差太远了……我想养成看书的习惯，还想成为可以画儿童书的人，在书上留下自己的名字。"

"当你做到这些时，会给别人带来什么帮助呢？"

她满怀热情地说道："可以把他们变成和我一样的人！"

003

在对话过程中，我想到了永澄老师的人生拐点图，于是就在纸上画了起来，因为我以前给女儿画过，所以她有一些印象。其实我想让她明白，她正处在拐点之前的最初积累阶段。她在认知方面的积累恐怕比同龄人早很多也深入很多，我三十几岁才开始觉醒和提升自己的认知，而她现在就开始积累了。

当我画好人生的拐点图时，女儿马上要求我让她自己在上面添个小人。

我耐心地等她画完了那个小人，就跟她说："你看我们现在就像还处在离拐点比较远的那个小孩，我们需要耐下心来去做很多事情，打好基础，一点一点积累我们的成果，这样我们才会变得越来越棒，也才能真正有可能变成我们想要变成的样子。再回到你的暑期计划，等到这个暑假结束，也就是大概到 8 月 30 日的时候，你会取得这样的成果：每天两幅画，大约一共 70 幅画。每天晚上五分钟的演讲或者讲故事，我帮你录音，并且发布到喜马拉雅上去，到 8 月 30 日时，你就有 35 段录音了。你觉得这两个成果怎么样？可以做到吗？"

女儿很轻松地说道："可以啊！"

这时，我明显感觉到，她一扫之前的迷茫和无助，变得非常轻松，脸上挂满了笑容。

看到时间有点晚了，我就让她躺下来睡觉。同时，经过她同意，我给她放了一首轻音乐，好让她静下心来。我则重新拿起书开始我的阅读。

隔了一分钟，轻音乐还没有放完，她突然情不自禁地大声感叹："妈妈，我突然觉得我飞起来了，成长起来了。"

这件事给我的收获就是，当孩子有情绪，尤其是他主动来跟你表达他的情绪时，正是引导他成长的最佳时机，此时最好的做法就是放下手头的事情转向他，聆听他，然后适时地引导。

　　不要低估孩子的学习和认知能力，他的大脑每天都在修建新的神经通路，有些事情听不懂不要紧，你会发现她会不断去打通，去领悟，并且去实践。

　　另外，父母也要身体力行，不断地和孩子交流新知识，耳濡目染之下，到时候，你会发现，孩子的成长会让你感到惊喜。

07

父母的身教比言传更重要

001

在现实生活中，有些父母会要求孩子养成良好的学习习惯，要认真学习。比如，一回家就赶紧写作业，写好了才能去玩。这样，孩子长大了才能变成一个优秀的人。

而父母自己呢？有些一回家就躺在沙发上，说自己忙了一天累死了，什么都不想做，哪里还有学习的时间呢？然后他们就花一整晚的时间看电视、看iPad、看手机、打游戏……忙个不停，好不惬意。

我的一位朋友熊妈，她是一位正面管教讲师，也是拆书帮的三级拆书家，她的课讲得生动有趣。

有一次，我们共同参加一个培训，她教我们一个游戏。这个游戏是这样做的：她让大家把拇指放在额头上，与此同时，她却把拇指放在了下巴上。观众们面面相觑，摸不着头脑，不知道手应该放在额头上还是下巴上。事实上，当时有大部分观众都把手指放在了下巴而不是额头上。

最后熊妈告诉大家："这个小游戏要传达给我们的就是，你所说的和你所做的要一致，即言行一致。这样，别人才能够清楚地知道你真正想要的是什么，也才会相信你所说的。否则，别人可能会更多注重你怎么做，而不是你怎么说。"

反观我们自己，总说一天工作下来已经累死了，回到家什么也不想做。却严格要求孩子在繁重的一天学校生活之后，回家后要继续利用好时间，认真复习和预习功课，甚至完成其他的课外作业和上培训班。父母嘴上说要好好利用时间，但自己却做不到，这样如何能以身作则地教育好孩子呢？

002

我深深地认为，言传身教很重要，并且身教大于言传。

那么我是怎么做的呢？

第一，我认为阅读极其重要，我身体力行，一直阅读。每天都会给孩子们讲故事，培养他们的阅读习惯。

我会买很多书，不仅是帮自己买，也会帮孩子们买一堆一堆的书。所以，家里的书柜、桌子上到处都有书。即便是三岁的孩子，也可以拿到自己想要看的书。

当我从书中获得新知识的时候，我就会欣喜地和孩子说："我今天学到了一个新知识，看到了一本很有意思的书，你们想不想听？"这时候，孩子的好奇心就会被激发，然后他们就会要求我分享，听的过程也是津津有味。

我每天晚上必须给孩子们讲一个故事，而且会通过喜马拉雅来录音，并且发布出去。

每次，我都会邀请我的儿子帮我打开喜马拉雅，点击录音。有时候孩子会打开录音回听放，那时，孩子们就会觉得特别亲切，听到好笑的地方，也会跟着哈哈大笑。

久而久之，孩子们的阅读习惯就养成了。

有一次，我加班回来晚了，就跟孩子们说："今天太晚了，就不讲故事了，我们早点睡觉吧。"

女儿着急地喊道："不行，你已经帮我养成了这个阅读的习惯，不可以停掉。"

我想想女儿说得也对，于是又给孩子们讲了两个短一点的故事，孩子们才心满意足地去睡觉。

阅读习惯一旦养成，孩子们就会从阅读中获取知识和教养。就连我家三岁多的儿子，有时候也会灵光乍现，说某个人像哪本书里的角色。这是一种很奇妙的体验。

第二，要抓住一切机会，把自己所学的东西和对孩子有益的东西分享给孩子，把他当作一个心灵相契的朋友。

其实，最开始的时候，我也曾担心孩子是否能听得懂，后来，我发现孩子会给我很多的惊喜。

所以，要相信孩子的潜力和能力，不要低估孩子的理解力。即使他听得一知半解，但一定会产生潜移默化的作用。慢慢地，他就能够听懂并且理解，甚至运用了。

这样做有很多好处。

首先教是更好的学，当我把自己所学的知识教给孩子的时候，其实相当于又复习了一遍，那么我对它的理解又加深了一遍。

其次，孩子是充满好奇心的，在这个过程中知识被不断地传送至孩子的耳中、脑中。这样，他认知的边界就会被不断地打开，他的求知欲也会越来越强，自然而然就会更加想要学习。

另外，孩子也会感受到被尊重。因为你是把他当作一个成年人，当你把这些知识分享给他，他会感到被父母所看重，觉得很有意思。

第三，碰到问题时，要抓住机会教孩子如何套用相关的知识、工具甚至模型去解决问题。

我常常跟女儿说："永澄老师的目标管理很重要，持续地做反思复盘更重要。"

比如，之前她在暑假期间，制定了每天要完成两幅画的目标。暑假结束的前一天晚上，我就建议："我们来做个复盘，看看你画了多少幅画。"

刚开始她还不为所动，在津津有味地看儿童绘本。等我把她的画全部收集起来，数到第六十几幅的时候，她来了兴致，和我一起数了起来。最后发现她完成了八九十幅画，她大受鼓励。

我对她赞赏了一番，并且通过教练话术对她进行了提问。比如，她超额完成了这个目标，有什么样的心情？她是如何做到的？这当中有哪些成功的经验和需要吸取的教训？

如此一来，她就知道反思复盘原来是这么回事。而且通过这样的反思复盘，她也从中看到了自己所做的努力和取得的成绩，自信心大大增强。后来，她还饶有兴致地跟我讨论了新学期要设定什么样的目标，并且约定一个星期后我们要做一个小的复盘。

003

我告诉孩子："要勇于承认自己的错误，当自己有负面情绪的时候是发现问题的最好时机，而问题是自己成长的契机和基石。"

当我自己真正犯了错或者是有负面情绪的时候，我会及时进行反思和复盘。如果影响到了孩子们，我会及时向孩子们表达我的歉意，并且告诉女儿我的觉察和我的下一步行动。

时间一长，孩子就知道了，出了问题，犯了错不要紧，最重要的是自己如何去面对这些问题或者是错误，以及如何改正。有了这样的态度和解决问题的能力，也就自然而然成长了。

但前提是，我自己本身会沉浸在学习和成长之中。

也许一开始的时候，我可能要运用意志力让自己坚持下去。事实上，作为一个工作繁忙的职场妈妈，还有两个宝贝要照顾，这当中要做出很多的取舍。但当我慢慢地投入进去，并且体会到这种学习的特别之处，感受到它给我带来的喜悦、成长和满足，我就越来越有动力。尤其是当孩子们在我的带动下，也越来越会思考，越来越爱学习的时候，我更是受到了极大的鼓舞。

那么，我是怎么做的呢？

我会选择每天清晨或者孩子们晚上睡觉之后，这种不被打扰的时间，去读书写作或者教练客户。

在这个过程中，我体会到了成长的巨大喜悦。孩子们也看到了我的巨大进步，这种进步也会给孩子们带来帮助。

当孩子得到这种帮助，并且越来越欣赏和感激妈妈的时候，我会告诉他们："正是因为妈妈每天学习、成长，所以妈妈才会有这样的进步，才有能力帮到你们。"

所以当孩子们清早起来，发现妈妈正坐在桌前对着灯学习；晚上睡觉的时候，知道妈妈陪伴在自己的床边，在台灯下阅读。时间长了，孩子就会自然而然地明白，父母自身的学习和成长也是需要一点一滴积累的。

总之，父母要身体力行，自己努力去做到，并且让孩子看到自己身上的这种改变，以及这种改变对他们带来的帮助。做到这一点，改变也会必然发生。

所以有时候当我用教练的技术去引导孩子，我经常会问孩子一个问题："这会让你变成一个什么样的人？"

孩子往往都会说："妈妈，我希望变成像永澄老师那样的人，变成像你那样的人！"在外人看来，这是孩子随意说出的话，不能当真。

但是每当我听到女儿说这样的话，从她坚定的眼神和坚决的语气，我都能读到她的决心，我知道这并非一句空话。我相信这与我日复一日地言传身教是密不可分的。

08

为孩子寻找一个榜样人物

001

为人父母都期待孩子将来成为有用的人，至少可以成为自食其力的人。比如成为科学家、金融专家、教授等等。

愿望是良好的，那么我们需要怎么做？

当我们想去一个地方，如果我们对那个地方一无所知，那我们接下来的行动就会充满巨大的不确定性和随意性。

就像我们期待孩子或者孩子期待自己想要成为某种人，如果我们不知道怎么做，孩子就也会失去方向。

我们需要考虑他未来的生活大概是什么样子，我们能不能给孩子找到这个领域的榜样？有没有可能让她看到那个榜样的生活是什么样子的？

当孩子对自己想要成为的样子和想要变成的那种人有了更多的了解时，才能够弄清楚自己和那个状态之间的差距，同时也能够进一步确定自己是不是真的想要变成那个样子。

回想起女儿上幼儿园中班的时候，偶然有一次，我找了喜马拉雅上的书《明朝那些事儿》放给女儿听。从此一发不可收拾，她几乎把喜马拉雅上所有能听到的中国历史书都听完了。

在那之前，我自认为自己的历史基础很不错。可是慢慢地，我发现在女儿面前我已经变成一个小学生，而女儿已经变成我的老师了。只要我讲到某一个历史人物，或者女儿在学汉字的时候，我提到某一个字，她就会联想到历史上的某个人名、地名或者典故，如数家珍。

于是，我开始半开玩笑地把女儿唤作小童老师。慢慢地，我越来越真心实意地把她叫作小童老师，尤其是当她非常认真地给我讲述那些历史细节时。

女儿最喜欢的历史人物是谁？这个话题我们聊过很多次，她也按照自己喜欢的程度，把历史人物排了序。最开始的时候她最喜欢的是曹操，她认为曹操文韬武略都很棒。

每次提到曹操，她都会有些兴奋，她想成为曹操那样的人。她认为曹操非常有胆量，有勇气，文采又好，而且能够接纳不同的人为他所用。

渐渐地，王守仁也就是阳明大师变成她的最爱，她的榜样，曹操排到第二。她甚至效仿阳明大师"格竹"，自己格乘法口诀表。

有一次，我偶然提到乘法口诀表，并且背了一遍给她听。没想到无心插柳柳成荫，这激发了她极大的兴趣。有一天我突然觉察到，她正在利用各种闲暇时间背乘法口诀表。

我记得那一段时间，先生开车带我们全家出去郊游。一路上，女儿都在那里一遍又一遍地背诵乘法口诀表，并且不允许别人打扰她，特别执着。我们有时候怕她太辛苦，让她别背了，别想了，但每一次都被她拒绝。

就这样，经过一段时间的刻意练习，她能把乘法口诀表倒背如流，还琢磨出了很多规律。

见她这么执着，全家人都赞叹不已。我也趁机点拨了一下她，告诉她，我们不仅要会背乘法口诀表，还要在生活中运用，这样我们就更厉害了，也就真正做到知行合一，学以致用。果然，女儿真的开始在各种可以运用乘法的场合，把乘法口诀拿出来用。

她还经常跟我们津津乐道地讲王守仁龙场悟道，我们也一起讨论王阳明大师，为什么一介书生竟然可以去领兵打仗，而且屡战屡胜。

我告诉她："永澄老师也经常这样刻意练习，自己看了书上了课，就会给俱乐部的伙伴们讲课，就像阳明大师这样。王阳明大师在他带兵打仗之前，其实已经把打仗中的各种情形在心中演练过无数遍了，对他的弟子也已经深入浅出地讲了很多遍，这正是他能够屡战屡胜的重要原因。"

002

后来，我又带着女儿去参加剑飞老师的语音写作组织"百万战队"的线下聚会。

我向剑飞老师请教："像我女儿这么小的孩子，如果我想让她多阅读或者多听书，有什么好的建议呢？"

剑飞老师建议我："给她多看看名人传记，尤其是那些伟大的人物，这样她可以找到更多的人生榜样，并且从那些榜样中挑选出适合自己的加以效仿，学习和成长。"

剑飞老师年轻有为，很小的时候就开始读大量的书，所以他就像一个知识大宝库，就像一个老父亲，也像我们的人生导师。他不仅带领我们持续写作来记录我们的主观经历，同时还引导我们持续地反思复盘，面向未来，激励我们活成自己想要的样子，他的教诲我都铭记在心。

一开始，女儿还沉迷于历史，不肯把目光投向别的领域。我就自己在家挑选了一个很不错的传记自己听，并观察女儿的反应。不出我所料，女儿一下就听进去了。

于是慢慢地，她也开始听名人传记，比如爱因斯坦、霍金、牛顿居里夫人……

她评论："学爱因斯坦就要学习他那种爱思考、爱科学的精神，我将来想当科学家，但不会学爱因斯坦的邋里邋遢和不修边幅。"

每次谈到爱因斯坦的不修边幅，女儿就会讲到不准他的家人收拾他书房的事情，然后就会忍不住哈哈大笑。每当这时，我反倒觉得爱因斯坦就像我们家隔壁的大叔一样，那么亲切。

而女儿谈到霍金时，会联想到阳明大师，说："身体健康很重要，要注意身体。"

我常常能够感觉到这些榜样，这些伟大的人物，给女儿带来的激励作用。

正因为这样，女儿对于她将来想成为什么样的人，想拥有什么样的身份，有清晰的方向。这个身份不是通常意义的身份，是指有逻辑、有层次的身份，她会有所考虑。因此，她在碰到问题时，才会更加积极主动地寻求解决方法。

其实在我们的教练技术中，有一种资源叫榜样的力量，除此之外，通常在教练过程中我们是不给客户资源的。我们相信客户是行的，客户拥有能解决问题的所有资源。榜样只是在无形中给他一种精神上的支撑。

平时，我在教练客户的过程中，当客户一筹莫展的时候，我可能会问客户："请问过往有没有一些类似的成功经验？"当客户找到这些经验，并给教练讲述这些细节的时候，他们往往能够找到很大的自信，获得很多新的觉察和认识，并从中吸取一些有意义的价值或者经验。以前曾经很成功的自己，对自己来说其实也是一种榜样。

还有一种，就是向外寻求榜样的力量，当自己一筹莫展时，去找一找自己身边有没有这样厉害的人物。他们在某些方面做得很好，他们的现在就是将来自己想要成为的样子，然后再去对比那个榜样和现在的自己之间存在哪些差距。

人的大脑对不同和差距会极其敏感。意识到这些不同和差距，就会激发起人的斗志和动力，补全差距，持续变好。

003

在教育孩子的过程中，也可以充分运用这种榜样的力量。有些父母非常优秀，又善于引导孩子，自然就是孩子的榜样，对孩子来说就是一种巨大的资源或者财富。

对我们大多数父母来说，可能现阶段我们还不够优秀，或者我们正在变优秀的过程之中，那么从古今中外的优秀人物中，给孩子寻找合适并且喜爱的榜样，将会是非常好的做法。

当孩子遇到困难时，父母就可以鼓励他，假如是他的榜样，会怎么处理？当孩子有了远大的目标和可以效仿的榜样时，就会要求自己变得更加优秀，而不是被眼前繁重的作业或者严酷的竞争困住。

如此，孩子就会有更加宽广的视野，也会有克服困难的勇气。

更重要的是，在阅读和聆听名人传记的过程中，我们会发现那些伟大而优秀的人也是一步步从平凡走向优秀，走向伟大的。他们并不是生下来就是如此伟大，他们也是经过不断地思考和努力，积极向上，一点一点地修炼成才的。对于伟人身上的优秀品质，孩子都可以去效仿，相信终有所成。

这当中还有一个好处，那就是孩子在听这些传记的过程中，会接触各个维度、各个学科、各个领域的信息和知识，而且也会接触到大量的词汇。孩子的信息量会大大增加，孩子的文学素养自然而然会越来越好。

所以，去找一些伟大人物的传记，尤其是那些生动有趣的传记给孩子听，给孩子看吧！和孩子讨论伟人有哪些优点值得我们效仿，有哪些缺点我们可以摒弃。

在这个过程中不用担心孩子会不喜欢，因为这些优秀、伟大的人物，通常都学识渊博，拥有传奇的人生，所以他们的经历都非常有趣，完全不用担心会很枯燥。

所以只要运用合适的方法，在合适的场合，引发孩子的兴趣，激起孩子的好奇心，孩子一旦沉浸进去，就会逐渐喜欢上的。

如何巧妙地创造机会让孩子愿意尝试这些呢？

我自己会拿着 iPad 在家里放一些我觉得很不错的传记，甚至我购买的一些很不错的课程在家里听。我没有强迫孩子去接受这样的东西，她偶然听到并且听得津津有味的时候，很可能就会主动来问我问题，要求继续听下去。

比如我在听武志红老师的心理学课，在喜马拉雅 FM 听查理芒格时，女儿都被吸引了，自己在那里听得津津有味。她听完还教育我，让我去践行。

我也会找一些特别有趣的传记，声情并茂地念给孩子听，刚开始是为了激发孩子的兴趣，后来孩子沉浸进去，你就不用担心了。

想象一下，如果你坚持做了，当你的孩子能够跟你谈天说地，上知天文下知地理，讲得头头是道，并且会效仿这些伟人的时候，你还用担心孩子会不好好学习吗？但凡他有些想不通，提一下这些名人，将会给他带来巨大的激励作用。所以去尝试吧！

我不由得感叹，每个孩子都是天才。只要你用合适的方法去激发他的好奇心，去释放他的潜能，并且为他树立好榜样，给他足够大的舞台，他就会给你带来巨大的惊喜。

09

鼓励孩子为梦想付出行动

001

一天早上，儿子手里拿着一个镶着红十字的小木块跑过来跟我说："这个表示医生。"

我说："是啊，你说对了！小宝，你长大了想当医生吗？"

他随口就答："是呀。"也不知道他懂不懂，当医生意味着什么。

我饶有兴致地问他："宝宝，你为什么想当医生？"

他回答说："因为医生可以给别人打针。"

"噢，宝宝，你是说当医生给别人打针，他们就可以不生病了，身体就可以好了，对吗？"

他自豪地说："是的。"

也许四岁不到的儿子还不懂得，自己将来做医生或者其他职业意味着什么，他只是以自己有限的打预防针的经历，或者是生病的时候被大人要求打针吃药，隐约知道了打针吃药可以让人恢复健康。

在餐桌旁边吃早餐的女儿，也迫不及待地加入了谈话。

她大声地说道："妈妈，我长大了想当女科学家，想当女生物学家，想当女天文学家。"她噼里啪啦地说了一通，仿佛如果不说出来，就会错失实现这愿望的机会似的。

只是早上赶着要去郊游，我们的谈话就此作罢。因为我已经跟先生约定好了，每周六我们出去郊游，早上9点半就出发。出发得太晚，不仅路上堵车，到了目的地找停车的地方也很难。

其实我想跟女儿说的是，很多人小的时候就像她一样，都有很多的梦想，比如长大了想当科学家、医生、老师、作家、画家……

小时候什么都不懂，只是看到书上或者听别人讲起来，某一个职业多么厉害，所以就有了这样的梦想。

等到长大，迫于工作生活的各种压力，很可能慢慢地就忘记了当初许下的诺言和曾经的梦想。对于那个梦想，自己根本没有认真思考过，也没有付出努力，更没有行动。这样，梦想难以实现也很正常。

当孩子有一个梦想的时候，比如，女儿想成为一个女科学家，那我首先会去问："成为女科学家对你来说意味着什么呢？这些价值对你来说又为什么那么重要呢？"

其次，要弄清楚女科学家的生活工作状态到底是什么样子的，会有什么样的成就。

所谓知己知彼，百战百胜。如果你都没搞清楚你想要成为的那个样子，或者人到底是什么状态，那么梦想给你带来的牵引和作用将会非常有限，那么你很有可能会动力不足。

002

如何让孩子知道他想要成为的那种人，到底是什么样子的呢？

一个比较好的途径就是让孩子去读名人传记，读他想成为的那种人的传记。

首先，读名人传记可以获得持续的精神力量，激励自己朝正确的方向持续努力。

其次，还可以帮助孩子明白现在的自己和理想中的自己之间的差距在哪里。

这样他就能够渐渐明白，想要成为这样的人，是不是他真正的人生梦想。如果不是，他可以寻找别的目标。如果是，在接下来的人生道路上，他就要知道如何缩小这种差距，并为了这个目标不断奋斗。

《写出我心》的作者娜塔莉，在她的书中引用了踏火人东尼·罗宾斯的话："如果你想学会某项事物，就去请教已钻研 30 年的专家，向他们学习。研究他们的信仰体系，他们的心智结构，也就是他们思考的次序，还有他们的生理机能，即他们在从事他们擅长的工作时，是怎么站、怎么呼吸以及嘴巴怎么闭拢的。换言之，以他们为榜样。这样一来，当你徒手去接木板时，你将不再是你，而是你所效法的空手道黑带高手，你的手不会受阻于木板，而会击穿木板。"

此外，在养育和陪伴孩子的过程中，还要持续不断地鼓励和认可孩子。

当孩子碰到问题或者遭受挫折的时候，不去苛责孩子，而是聚焦于让孩子从问题和挫折当中吸取经验教训，找到解决问题的办法。

当孩子取得小的成功时，更要抓住机会认可孩子，并且陪伴孩子总结经验以便重复使用。

所以，当孩子告诉你"我有一个梦想"的时候，只是简单的一句"你真棒"敷衍了事，那是远远不够的。那样，孩子的梦想很有可能只停留在空想或者幻想阶段。

父母要做的就是呵护孩子的梦想，给她培育梦想的土壤。

即使最终成不了一个伟大的人，成不了自己心目中的那个人，在这个过程中他也会有所收获，至少他知道了这个方向适不适合他。

并且，在这个过程中也可以培养他的好奇心和给他提供巨大的动力，让他不断地去尝试、去调整、去改变、去成长。

有梦想是好事，而有梦想有行动，才能真正地把它转化为现实，那才是最重要的。

假如有一天，孩子真正历经探索，找到了自己的梦想，并且变成了他梦想中的那个人，当他回顾自己的成长经历，一定会深深地感谢父母曾经对他的影响，给他创造的成长环境。那时的他已经能够明白父母的良苦用心，一定会欣慰自己不负嘱托，不负父母的殷切期待。

10

陪伴孩子才是更重要的事

001

一天晚上，9点半都过了，女儿才把当天必须要做的作业完成。

我看时间已经晚了，就问她："你是要先洗个澡再睡觉，还是马上睡觉？"

她说："困了，想马上睡觉。"我答应了。明天洗澡也没什么大不了的，地球照样转。

于是女儿大致收拾了一下，就开始上床睡觉。我关掉大灯，打开书本，在孩子床边的书桌上，就着台灯，开始了我的阅读之旅。

这两天正在看《写出我心》，这本书写得太精彩了，我特别想一口气读完。而且我也希望能够达成当天的最小阅读时间，阅读对我来说是一件受保护的事情，这个时间必须要保证。

我刚要沉下心来阅读，女儿就说话了，话语中透着兴奋。

以往这个时候，我很有可能跟她说："宝宝，妈妈才刚开始读书，我今天还有好多事情没做，而且现在也晚了，你赶紧去睡觉吧！"

但当时我咽回了这句话，因为我的脑海中冒出了一个想法，那就是，当下什么对我来说更重要？到底是我的阅读重要，还是陪伴并倾听我的孩子更重要？

当然是我的孩子重要，我的内心马上做出了回答。因为孩子刚才说有什么想要跟我分享，她需要一个听众！

我立马放下书，转向她。

于是孩子就开始滔滔不绝地讲起了今天学校里、班级里发生的事情。比如有同学乱扔同桌的铅笔盒，都差点摔碎了，老师就请他站到讲台前的一个地方反省。

接着她谈到了自己的幸运，因为她有很好的同桌，不会碰上那些比较调皮、不专心的同学。

她还兴致勃勃地讲到了她做背书小组长的经历。我非常好奇地问她："你是怎么成功做到背书小组长的？"我原来以为是她平时非常认真，所以才被指定当小组长了，原来不是这样的。女儿告诉我："我是被同学推举出来的，而且全班只有两个背书的小组长是被同学们一致推举的，其他的都是老师指定的。"

我想，女儿凭着自己的努力得到老师的认可，这已经很厉害了，没想到她竟然是被同学们推举的。这就说明她的努力，不仅被老师看在眼里，也被同学们看在眼里，而且也得到了同学们的喜欢。和同学的关系都处理得很好，所以才会得到别人的喜欢，得到别人的拥护。

就像我们平时所说的老板或领导，有的人是因为杰出的领导力，所以才会吸引别人追随于他，而这个是非常难能可贵的。我看到女儿拥有这样的潜力，非常喜悦。

002

我认识到这是女儿的一个小成就，这对她来说很重要，所以我干脆拿了一个靠枕坐在她的身边，听她继续讲。我特别好奇她是怎么做到的，也很想和她一起来梳理这个成功的经验，也许我们能从中总结出一些规律和原则，让她以后能反复利用。

女儿说："这是因为我学习很认真，已经集了很多奖章。"（表现好的同学，老师会为他盖一个奖章）她今天都已经集到60个奖章，得到六封表扬信了，接下来还可以得到一张奖状。

她平时也非常认真、努力、积极，所以同学们才信任她，知道可以依靠她。

另外，女儿也特别喜欢交朋友，她在班里交了很多朋友。

为什么她能交那么多好朋友呢？

首先，她很喜欢交朋友，她认识到交朋友保持开朗很重要。

其次，她告诉班里的同学，之前她并没有住在这个区，刚刚搬过来不久。女儿说："同学们都很惊讶，没想到我那么快就适应了这里的生活。"女儿说这些的时候，一脸自豪。

多亏了她爸爸，在暑假还没开始前就安排好搬到了这边，让她有时间提前适应这边的生活。她先适应了新家的生活，接下来开学了，就可以开始适应小学的生活。这相当于把比较难的目标分成两步走。

所有的经历都是财富，正是因为我们搬了新家，到了这个新的环境，女儿才必须去重新结交朋友，否则一个人玩多没意思。如果我们不搬家，女儿就没必要大费周章地去总结规律，总结交朋友的方法。

来到了新的环境，女儿锻炼出了交朋友的能力。她自己悄悄总结出了交朋友的规律，并且悄悄地放到生活中检验，看其是否适用。

她还真的成功了。每天晚上出去玩，她基本上都能结交新的小朋友，跟他们一起玩，玩得都很开心。

当我诧异于她交朋友的能力飞速提升时，她才得意地告诉我："我自己总结了规律并且已经实践了一段时间。"

更可贵的是，即使偶尔交不到朋友，没有小朋友在那里玩，她自己也可以享受这种孤单，一个人也玩得很开心，所以女儿既能合群又能独处。

这是因为搬了新家，才让她有了重新开始适应环境的机遇，正是这种经历让她更好地成长。

所以我非常开心，那天晚上我选择了放下书本，去陪伴和倾听孩子。从而让我能够借此机会和孩子进一步地交流，并且总结经验，也让我进一步打通了之前所学的理论，即过往的经历都是财富。和孩子的交流收获颇丰。

我们每天都很忙，尤其是职场妈妈，工作已经很累了，回家还要陪伴孩子，辅导功课，还希望有时间跟先生维系良好的亲密关系。如果自己还想去学习，每天都恨不得把一分钟掰成两分钟来用。

所以，很多时候我们的事情都相互拉扯着，自己会陷入茫然、激动或者暴躁的状态中。

当我们回家，也许情绪还可以，可是等到快要睡觉的时候，如果孩子还在那里说话，有可能情绪就会失控。

这个时候，问一下自己的心，对你来说什么更重要。当你想清楚了这个问题，你就能更加平静、更加用心地去陪伴孩子。

当你真正把陪伴孩子、倾听孩子当作更重要的事情时，你和孩子的沟通也能碰撞出更多的火花。这种火花会进一步加深你们之间的亲密关系，并且也能够促使孩子更加成熟，从而获得更大的幸福。

第三章

教练式育儿法
让家庭更和谐

11

学会与孩子共同面对失败

001

有一次，我在做一位客户的教练，她告诉我："印象中，我从来没有做过任何比较难的事情，所以找不到这方面的成功经验。"

她一脸的认真和无奈，我知道她并不是敷衍。我想到《终身成长》这本书讲过人的心智大体分为两种，一种是僵固式心智，另一种是成长型心智。

在她的成长过程中，父母对她管教过严，总是期待她做得更好。每一次看到别人做得不好，父母就会苛责或者审问，她是不是也犯过同样的错。这种苛责或者审问让她感到害怕。最后，她干脆选择报喜不报忧，那些做得不好的不再跟父母说，以此保护自己不被责骂。同时，她也会尽量去选择做相对比较容易的事情，这样就可以避免犯错了。

这跟僵固式心智的做法何其相似。当一个人觉得能力是天生的，而不是后天训练而来的，那么他就会尽力维护这样一种形象"我是聪明的"，所以他就不敢轻易犯错，也就不敢轻易去尝试新东西。

反观那些成长环境相对比较宽松的人，他们更愿意去挑战那些有一定难度的事情。即使难免有犯错，有跌倒，有挫败，也无所畏惧。

如果成功，将会给其带来巨大的鼓励作用。这样一来，以后他再去做其他事，也能借鉴从前的成功经验。

这也让我想到人的一生当中，尤其是幼年的成长过程，一定要经过摔打，不要被父母过度地保护；一定要有各种的尝试，哪怕失败了也不要紧。

父母能做的，就是尽力地去陪伴孩子，鼓励孩子。如果孩子做得不到位，或者做错了导致失败，这个时候父母最有价值的行为就是去体会孩子的感受，相信孩子可以从中吸取教训。如果可以，陪着孩子一起去吸取经验教训是最好的。

这样一来，当孩子十几岁、二十几岁甚至三十几岁的时候，他过往的生活经历就会非常丰富。这也验证了那句话，过往的经历都是财富。因为被不停地摔打，有不同的挫折，也有不同的成功的经历，他从中积累经验，就会做得越来越好。

对于那些暂时失败的挑战，如果曾经有人陪伴着他一起总结经验教训，他就会避免做那些真正危险或者失败概率高的事情。如果他能从中吸取一些经验教训，然后从类似的经历中反转过来取得成功，那么相当于他又多了一份智慧。

所以，"过往的经历都是财富"这句话成立的背后，和很多人的支持是分不开的。

首先是从小父母就一直坚定地陪伴在自己的身边，鼓励孩子去做尝试，即使失败了也不要紧。最关键的是，父母会陪伴孩子一起探索，一起总结经验，同时也会理解、包容、支持孩子。

所以，要让过往的经历真正变成一种财富，最重要的事是要有一个宽容的家庭，要有支持、理解、鼓励孩子的父母。

然后，在学校的教育中也要有一个宽松的环境，有非常愿意认可学生的老师。在这两个环境共同培育之下，孩子才能茁壮成长，势不可挡。

　　如果父母只会一味地斥责孩子，或者对孩子提过高的要求，当孩子需要支持和鼓励的时候，只是一味地责罚孩子，那么孩子的委屈就会无处安放，人生经历也会暗淡很多。

　　如果学校不给力，父母可以帮孩子想办法。

　　可如果父母一味地逼孩子，学校也没有认可支持孩子的老师，那么这个孩子基本上就是在风吹雨打之中自生自灭，未来会成长为什么样，完全看这个孩子的造化了。

002

　　我的那位客户，初中时她的班主任就是她的妈妈，高中时她的班主任是她妈妈的同事，从小到大几乎都处在父母的高压之下，没有一丝缝隙。所以她最后就学会了演戏给父母看，把自己的心灵深深地埋藏在一层层盔甲之中，缩起来了。

　　当一个人的自我发展完全被遏制，她就没有了尝试的勇气，这个时候要想找到一段成功的经验确实是太难了。因为她做的一切，都是在做给父母看，而不是为自己战斗。

　　反观我自己，虽然从小到大家境比较贫寒，经历过很多的挫折，以前总觉得父母没有给我太大的支持，现在反倒很感谢父母。我觉得父母给了我极大的自由度，让我自己能够充分地生长。所以一路上，总有许多令我骄傲的小成就。正是这些小小的成就，聚沙成塔，大大地增加了我的自信心，也促进了自我的发展。

　　因为经历过挫折，也经历过成功，所以我知道人生是充满起起伏伏的。要去努力，同时也要找到高手去效仿，还要注意方法，才能避免自己重复走弯路，找到一条高效的路。在此过程中，我还会获得内心的宁静和力量。

　　虽然这么多年来，我好像经历过很多挫折。但是一路走来，我身边有很多认可、支持、鼓励我的声音。看似我没有得到很多的庇护，其实我的身边始终是有风、有雨，也有阳光。

我想起我的姐姐，她曾经跟我说："小时候妈妈总是说我不如别人家的孩子。"因为姐姐是家里的老大，那个时候已经比较懂事，妈妈的这种抱怨，其实给姐姐造成了很大的伤害。

我记得姐姐当时跟我说起这些往事时，她的眼泪都流出来了。她说："小时候总是被妈妈批评和抱怨，所以我一直以来都特别自卑，不敢放开自己。"

我对姐姐从妈妈那里所经受的无意伤害，感到特别惊诧。虽然我们有共同的父母，生长在同一个家庭之中，但是比我大四岁的姐姐却在自我成长的这条路上，和我的遭遇截然不同。

一路走来，我好像很少受到打击批评，我印象中全是夸赞、鼓励、支持和帮助，我能够感受到在父母的心目中是以我为傲的。

在我小学的时候，我们那边一位远近闻名的校长就对我说："你是我们地方的人才。"所以从小我就在这样的期许中一直努力向上。我想要学习，想要进步，想要变成一个厉害的人走出农村。

相反，像我的姐姐、弟弟和妹妹受到的鼓励、支持和夸奖就远远没有我那么多。

所以，越努力越成功，越成功越被鼓励，越被鼓励越努力，这是一个良性循环，是一个互为因果的过程。

反之，遭受的贬低和责骂越多，人就会更容易受挫，从而害怕挑战，害怕尝试，害怕出错，成长就会受阻。以至于最后自我的发展几乎被剥夺，曾经茁壮成长的树苗慢慢地枯萎乃至凋零。

作为父母，我希望始终去做那个支持别人、鼓励别人、夸奖别人的人，这些支持、鼓励和夸奖，就像阳光雨露滋润着对方的心灵。对方的心灵越自由，越能茁壮成长，没有遮挡。

如果你恰巧曾在农村里种过树，你就知道在那些屋檐底下，不曾见光，被挤占得没有任何空间的小树苗，最后会长不大。因为那些被遮挡了阳光雨露的树苗，是后天不足的。反倒是那些经受风雨阳光的树苗才能够茁壮成长。

003

我常常告诫自己，在我的育儿、为他人教练的过程中，不管是对孩子、客户还是对待身边的小伙伴，我都要努力地鼓励他们做出尝试，去挑战必要的难度。成功了赶紧吸取经验，失败了不要紧，擦干眼泪，缩短这种强烈情绪反扑的时间，及时总结教训，如果下次碰到类似的情况，寻找出到底通过哪一种方式才能做得更好。

如果这种风险不值得去冒，那么以后就要学会绕道而走。

但有一些困难是成长所必需的，也和自己的梦想息息相关。那么我们就要从每一次的摔倒、每一次的失败当中，努力地去尝试和总结经验。失败了不要紧，继续尝试，总有一次会成功，更何况你身边还会有不断支持你的人。

曾经，在辅导女儿做作业的过程中，我发现她特别害怕做错题。在 iPad 上面用 App 做题的时候，每一次要提交小题，在她不是特别有把握时，甚至会把自己的眼睛遮起来，让我去帮她点提交。她害怕失败，害怕错误。当结果显示正确，她就会开心地笑一笑。如果错了她就会有些承受不起，露出委屈的模样。

在这个过程中，我始终鼓励女儿："错了不要紧，最重要的是培养面对错误的勇气，妈妈会一直陪伴在你的身边。"在我不断地鼓励和认可下，孩子一点点变得勇敢起来，慢慢地她不再害怕犯错。

有一次，女儿测试得了 B，我非常坚定并且非常温柔地对她说："孩子，不管你有没有得 A+ 都不要紧，妈妈会一直陪伴着你。而且，这说明你可能碰到新的不懂的问题，正好我们可以进一步学习提高。"

女儿听了非常安心，非常开心，马上就安静下来，和我研究、讨论错题了。

所以，在教育孩子的过程中，我们不仅要认可孩子、夸奖孩子，更重要的是要一直给孩子强化这种观念："失败了不要紧，爸爸妈妈就守候在你的身边，在背后默默地支持你。如果你有需要，爸爸妈妈随时都张开双臂，拥抱你，倾听你，给你支持，听你倾诉，和你一起分析成败的原因，然后给你鼓劲，让你有勇气继续前行。"

永澄老师说："我发现那些真正的高手其实都能够忍受混乱，并且他们能够接受错误，有敢于犯错的勇气，反倒一般人都是踌躇不前，不敢犯错。"

没有犯错的勇气意味着不敢尝试，意味着会放弃所有机会，意味着只会选择那些容易的，尤其是那些自己已经做过千百回的事情。

可如果这样，怎么有机会去找更多成功的经验？

所以人要大胆地走出去，大胆地犯错，大胆地帮助别人，积累经验教训，相互成长，相互成就。

那些从小就被父母控制过多的孩子，很可能就是不敢去尝试，只想躲在温室里，做那些简易的事情。没有什么压力，没有风吹雨打，自己躲在房间里享受安逸。

但是看到别人在拼搏，自己的灵魂如何安放？

这就是为什么会有很多人还是想去成长，想突破自己，让自己的内心更加圆满。每个人来到世上只有短短几十年，多则一百年，都想活得与众不同，活出自己。没有谁，只想躺在安乐椅上什么也不做，安乐椅躺得太久，也会感到乏味的。

所以我不仅要去鼓励孩子、支持孩子，更要陪伴孩子度过人生的风风雨雨，让他们有勇气、有智慧、有担当，能够经历风吹雨打，并且最后见到彩虹。就算是在风和日丽的日子，也能够保持清醒，继续前行，同时不忘享受当下，懂得进退。

12

与孩子有效沟通的小技巧

在辅导孩子做功课时，看到孩子做错了题，直接指出错误，孩子会感到受挫、委屈甚至生气，进而和父母争吵。

那么，如何巧妙地让孩子主动认识到自己做错的地方，愿意改正错误，甚至从中总结经验教训，下一次可以做得更好呢？

在这里，可以巧妙地运用"yes, and"这个策略，也就是"很棒，而且"原则，先肯定，再提出建议。

首先要认可孩子的努力和做得好的地方，然后再去询问他是否愿意做得更好，或者跟他说自己有一个更好的建议，问他愿不愿意听。这个时候，孩子一般会欣然接受的。

比如，有一天我下班回家，先生说："今天我已经辅导好了孩子其他的功课，还剩拼音拼写当中的一些问题，希望你辅导一下孩子。"

其实，我知道先生最不愿意指出孩子作业中存在的问题。一旦指出来，女儿死不承认，父女俩就经常会吵起来。

等到晚上吃完饭散步回来，我就开始辅导孩子做功课。

我大致看了一下，孩子的拼音写得还是挺认真的，只是那些拼音写得有点小。尤其是声调，由于写得太小，有一些几乎都看不太清，要凑得很近，才能够辨别清楚。

我再次仔细看了一遍孩子的拼写练习，想了想，特意找了其中一些写得特别清秀、漂亮的地方。

"你的拼音，一看就写得特别认真。因为这些着笔都很重，你写的时候一定特别用力，特别用心。我最喜欢这个 a 了，就跟印刷出来的一样，写得特别工整漂亮。还有也正好顶满了中间一格。"

女儿听了特别开心，马上喜笑颜开地说："我也很喜欢这两个，妈妈，你还喜欢哪一个？"

我又看了看，找了几处觉得写得很不错的地方，她更加开心了。

"宝贝，我有一个小建议，可以让你的字写得更加漂亮，不知道你想不想听？如果你不想听，那我可以不讲。"

女儿非常开心地说："妈妈，你说呀，没事，我听着呢！"

"宝贝你看，如果你把这个声调写得再大一点，可能就会显得更加大气。而且，远远地就能看清楚那个声调，不然我有一点搞混，看得会有些吃力。"

女儿欣然接受，拿着橡皮把那个声调擦掉了，我也赶紧帮她把橡皮屑倒掉。

接着，女儿非常认真地把那个声调重新写了一遍。果然比之前清晰、漂亮多了，看起来很大气。

我问她："宝贝，现在看你有什么样的感觉？"

女儿认真地看了看，说："妈妈，我觉得你说得对，这字确实显得更加大气了。"

我还抓住机会，让她回忆了一下之前的成功经验，以便让她感同身受，获得更大的进步。

我说："是啊，你还记得吗？上一次你总结当小队长的成功经验，你自己在书房里讲了半个多小时，就像一个演说家一样在房间里走来走去，梳理成功经验，还录音。结果那次录音大受欢迎，因为你那次显得特别大气、大方。写字也是这样，我们常常说'字如其人'。当我看到一个人的字写得特别大方、漂亮的时候，我会自然而然地喜欢上这个人。尤其是以前我们很少用电脑，手机没有普及的时候，我们首先会去看这个人的字写得怎么样。我们为人处事也要像写字一样，要非常大方、大气，方方正正，为人爽快。你是想跟爽快的人交朋友，还是想跟那些放不开手脚、斤斤计较的人在一起？"

为了让她更加理解，我又给她联系到了以前她读的一个绘本。

我说："以前我们读小熊绘本的时候，你看小白兔想和别的小动物交朋友却有点害怕，它躲在一棵树后面轻轻地问别的小动物，我可以跟你交朋友吗？别的小动物都听不到。它就一直躲在树的背后，浪费了很多时间，后来它终于鼓起勇气，大声地跟别的小动物说，想和它们一起玩。马上受到了别的小动物的欢迎，并且，最后终于真的跟别的小动物玩了起来，玩得很开心。"

见她在认真地听，我接着说道："你在写字的时候也要这样，把字写得大方一点，写得端端正正正。这样你的字看起来才会让人觉得特别舒展，特别舒服，而不是挤在一起，好像很委屈，很害怕似的，我说得有道理吗？"

女儿听得津津有味，我赶紧说道："你还有一些没写完，要不要接着写？"女儿满口答应。

接着，她就开始认认真真地写，而我就拿起一本书，开始认真地阅读起来。

等到她写完，我放下书本，检查了一遍她新写的字，大声赞叹："这个感觉就完全不一样，真真正正是特别爽快、方方正正的，你觉得呢？"

女儿也惊呼："是啊，变化好大！"

"咦，我发现这中间好像漏写了一个，宝贝，你看看要不要再把它补上？"

"不好，每两个字之间要有一个空格，如果再补进去，就没有空格了，后面写的这四个要擦掉重写。"女儿有些沮丧，后面这四个音节又得重新写，她写得那么认真，导致有一点慢，重写是一件挺耗时的事情。

我鼓励她："这等于又让你多了四次刻意练习的机会，你看别人都只写了一遍。"

她像突然顿悟了似的，喜滋滋地说道："妈妈你说得对！"她还用手一拍额头，接着又继续改起来。

过了一会儿，女儿改好了，她满眼期待地拿给我看。我满心欢喜地看完，不由得再一次赞叹道："宝贝儿，看！你的字多么大气，跟之前的完全不一样。在这么短的时间内，你的字就有这么大的变化，实在是太棒了。你看你今天这么努力，这么投入，还虚心接受妈妈的建议，你真的是一个具有成长型心智的人！"

女儿听了我真心的夸奖，别提有多开心了。

接着，我还兴冲冲地拿着她的拼音练习本给先生看了一下，女儿得了先生的夸奖，更是一脸自豪。

第二天早上起来的时候，我又忍不住夸了女儿一通："宝贝，你昨天好虚心，你写的字进步那么大，太厉害了。"

女儿开心得不得了，后来，她的写字作业经常会得到 A+。

从上面的事例中可以看出，要想让孩子做得更好，首先要认识到孩子已经做到了当下最好，从而看到和接纳孩子所做的努力。要努力找到她做得好的方面，加以认可，再去问他想不想做得更好。当孩子获得充分的认可，一般更容易听进去别人的建议。

当他按照更好的方式去做了，并且取得进步的时候，让他去感觉这当中的不同，并且进一步认可他，夸奖他的进步。

如果有可能，再把孩子的进步向其他的家人进行宣告，或者自己再一次夸奖，那么孩子也就能获得更大的鼓舞了。

13

多给孩子感受夸奖的时间

我晚上加完班，7 点半回到家里，发现先生和女儿出去散步了。

等到他们回来，我问："宝贝，作业做完了没有？有什么难的地方需要再加强一下，我可以协助。"

女儿一脸自豪地说："我今天的作业都做完了。"

"太棒了，宝贝儿，看来你现在把时间掌控得很好！"我赞叹完，又提议，"宝贝，不如这样，我先给你和弟弟各讲一个故事，那么你们就都能听到两个故事了。然后我们看看今天所学的知识还有哪些，需要妈妈再帮你强化一下的。"

女儿答应了。

讲完故事，我突发奇想地说："要不我们来练习拼音听写吧。"

女儿看起来很有自信，爽快地答应了。经过两个月的学习，她已经把拼音掌握得越来越好了。

最后我念了 31 个词语，比如毛衣、时间、弟弟、鞋子……这些词的拼音。

练习了十几分钟，我觉得差不多了，就叫女儿检查一下。

女儿进步确实非常大，想当初她连看着读都读不出来，现在居然能够听写得这么好了。我特别为她高兴，直夸她进步特别大，很厉害，只错了三个。

这时，我特地去拿了一支红笔，假装自己是个老师，把那些写对的地方打钩，写错的地方打叉。

女儿一看到打叉就着急了，尤其是当我指出那些声调有误的地方时，她开始生气了。

看她着急了，我赶紧启动教练模式，倾听她的心声。

"宝宝，你生气了？"

"是啊，我气死了！你说的是错的，我那几个根本没有问题，我没有错。"她气呼呼地回答。

女儿比较好强，所以第一反应经常是见不得别人说她错，她需要好一会儿才能够安静下来，重新认识到自己的问题。

我张开双臂，赶紧抱抱她，拍拍她。

可她依然非常激动，眼泪都出来了，还气呼呼地说道："哼，我再也不听写拼音了！"

我关切地看着她，一边听她抱怨，一边替她拭去眼泪。我什么也没说，而是迅速回想了一下，我刚才是怎么说的。

一分钟之后，她稍微平静下来。我真诚地对她说道，"对不起，宝宝，你想要妈妈多夸夸你，不喜欢妈妈给你指出错误，对吗？"

女儿点了点头。

我继续说道："刚才弟弟也在旁边，玩具的声音那么吵，你却那么投入，认认真真地听写了那么多拼音。这种认真学习的精神特别令人佩服。而且，你竟然写对了整整 28 个拼音。一个月前，你对着读都还读不出来，现在却能拼写出来那么多。你的进步实在是太大了。你真的是一个很会学习的人！如果你一直努力下去，肯定会成为一个拼音达人，你还会认识越来越多的字，到了明年你甚至可以自己独立看书，妈妈还可以教你语音写作，那个时候你会变成一个越来越厉害的人！"

女儿听了，开心地笑了，虽然眼中还带着泪。

接着她跟我说："妈妈，你不是说过'yes，and'原则吗？我希望你在夸奖我、认可我的时候多给我一点时间。比如多给我十秒钟，让我多感受一下。这样你的夸奖认可，才能真正跑到我的心里，我才会有力量去接受你说的那些我做错的地方。你看你前面刚刚夸完我，马上又说我做错的地方，我会很难过，我还没有充分享受好你夸奖我的地方呢。"

听到孩子这么说，我不禁暗暗吃惊。

"宝宝，你是说使用'yes，and'原则时，中间要给你足够的时间，对吧？不然看起来就会变成'yes，but'了，是不是？"

"是啊，妈妈，你夸奖完我以后，你先等一等，等我很高兴了，你再温柔地微笑着问我，'宝宝，你想不想变得更好呀'，如果我答应了，你再跟我说，有什么地方可以做得更好，这样我就不会生气了。"

"宝宝，你这个发现特别好！"我禁不住赞叹道，"谢谢你告诉我，教我如何更加有效地运用'yes，and'这条原则。你这小童老师果然货真价实。"

她听了，很受鼓舞，更加开心了，开始对我撒娇："好妈妈呀，我太爱你了！"

看她这么开心，我试探着问她："那么现在，亲爱的宝贝，你愿不愿意变得更厉害呢？"

女儿非常爽快地答道："当然可以，我的好妈妈！"

于是我把她前面拼写的纸拿过来，指着"shū guì"这个音节，问她："你能不能看一下这当中有哪个拼音宝宝在照镜子？它把自己照反了。"

"这个h反了！"女儿看来有点不好意思，继而笑了起来。

"你看这个'táo qì'，它真的是个淘气先生，这个气字是第四声，它偏偏要换个方向，他怎么像《奇先生妙小姐》那本书里的颠倒先生，把自己的声调搞反了，第四声变成第二声了？"

"是呀，他一定和颠倒先生是好朋友。"女儿哈哈大笑。

"还有那个'yá chǐ'的chǐ，它的声调怎么缺胳膊少腿了？怎么只有一边呢？它另外一边的胳膊怎么不见了？明明是第三声，却变成第二声。我们得赶紧找个医生帮他把另一条胳膊给装起来才行。"

"看来它缺个医生，不然多可怜。"女儿一边笑，一边带着同情的语气说道。

"看来宝宝都懂了，太厉害了，你看你前面整整对了28个，现在又赚了三个，继续加油。"

"妈妈，我好有成就感。我来把那几个写错的改正一下。"女儿主动请缨，很快就改好了。

这件事情让我学习到，夸奖一个人时，一定要留足够的时间，让对方在这种美好的感觉里多停留一会儿，让他充分地感受到被鼓励。

就像在教练技术中，当对方有不好的感受时，要尽量让对方抽离出来，不要沉浸在其中太久，否则会给他带来很多负能量。

当我们为客户梳理完价值，让客户认清他真正想要的最终价值是什么之后，在接下来给客户创造体验的过程中，要给客户足够的时间，让他充分地感受并沉浸在那个美好的画面之中。

这样在后续的学习、生活、成长中，客户才能够常常记起那种感受和画面。而这种感受和画面一旦锁定，将会给他带来巨大的精神力量。他就有更大的勇气去克服各种困难，并且从各种问题、错误、失败中吸取经验教训。

如果只是让对方看到事实，却没有让对方充分地感受他想要的，或者他觉得美好的东西，他会感到力量不足。

人终究是感情动物，理性上理解了，接受了，如果没有感受到，还是不能转化为实际行动。

只有让对方充分地感受到被认可，或者感受到他想要的东西，他才会有动力去追求，这样他才会思考自己真正要采取的行动。

总之，要充分地认可和欣赏孩子，孩子才会敞开心扉接受他人的指导或建议。

14

真诚地对孩子说"我爱你"

001

我无数次跟孩子说"我爱你",尤其是已经上小学的女儿。我经常跟她这么说,也时常拥抱她,可她似乎还是缺乏安全感,还是害怕妈妈不爱她。

尤其是当我劳累时,脸上没有微笑,孩子就很容易受到影响,看起来很委屈的样子。

当我声嘶力竭或者反复跟孩子说,期待孩子理解我,配合我,这样我们可以节省点时间,快点把事情做好的时候,孩子却愈发感受不到妈妈的爱,有时甚至伤心地哭了。

有天晚上,我准备给孩子洗脚。我让她赶紧换好拖鞋,拿好凳子,我给她打好温水,让她来洗个脚,这样她就能干干净净、温温暖暖地去睡个好觉,做个美梦,明天早上能够睡到自然醒,早早地去上学。

我说了好几遍,加上我也很困,语气有点不耐烦了。孩子依然像个跟屁虫似的在我身后,没有换鞋子,也没有脱袜子,更没有搬凳子。

我有些着急地跟她说:"我已经说了好几遍了,我要的是你赶紧把凳子搬过来,把袜子鞋子都脱了,你怎么还不动,光在那里说话?"

她略带委屈地说："妈妈，我是想让你知道，我很爱你，你也很爱我，对吗？"

我突然意识到孩子可能有一些不安，也许是因为我过于严肃了，让她开始害怕妈妈不爱她。

我的心马上软下来了。我搬来凳子，给她脱了鞋子和袜子。等她的脚洗得差不多了，我又温柔地给她剪了指甲，她始终笑吟吟的。

长期的写作和教练让我马上有了觉察，那就是孩子还是有一种不安全感，她害怕得不到妈妈足够的爱。

本来每天晚上约定 9：30 睡觉，此刻已经 9：35 了，可是我想我有必要坐下来和她深聊一会儿。

我坐在她旁边，温柔地看着她，同时也带着好奇心问她："宝贝，你觉得什么时候，或者妈妈什么样的表情，做什么样的事情，会让你觉得特别有安全感，会让你觉得妈妈特别爱你呢？"

当我这样问孩子的时候，我能感觉到孩子的脸上都在放着光。我相信她已经感觉到了我此刻对她全然的关注。

她立马温柔地说："妈妈，当你对我微笑的时候，当你对我说话很温柔的时候，当我晚上睡觉你陪在我身边的时候，当你给我讲故事的时候，我会觉得很安全，觉得你很爱我。"

"还有呢？"我鼓励地问道。

"当你语气很生硬的时候，当你很严肃的时候，当你对我发火的时候，当你不在我身边的时候，我感觉不安全，我感觉不到你的爱。"

我的心被触动了。

我接着问她："那么，宝贝，当妈妈一边陪在你身边，一边在看手机发消息的时候，当妈妈晚上睡觉前着急地跟你说，'宝贝儿我还有很多事情要做'催促你赶紧睡觉的时候，你能感觉到妈妈的爱吗？"

她说能感觉到，不过是 50 分的爱。

"你希望妈妈全身心地陪伴在你身边，并且是温柔地对着你，那个时候你就能感觉到妈妈百分之百的爱，对吗？"

"对！"说着她就扑上来拥抱了我，开始幸福地撒娇。

002

在教练的过程中，我们也是强调教练同在。

就是在教练的过程中，要启动全息聆听聆听客户的模式、语音、语调、语气、身体姿态，当然还有他的信念和价值观。

当你全身心地投入，并且让自己处在一个无我的状态，把全部的注意力都集中在客户身上，去聆听客户的时候，客户就能够感觉到。再加上你用精准的提问，帮客户创造一个安全的领域，你必将收到客户全部的信任，客户也会自然而然地打开自己。

反之，如果教练做不到教练同在，只担心下一个问题该问什么，或者只按着自己的思路，提前预测接下来要提的问题，而不是随着客户去思考；又或者还做不到对客户这个人的发展充满好奇心，语音、语调很生硬，客户就能感知到，并且马上关闭自己的心门。教练无法取得良好的效果，客户也得不到充满爱的陪伴，更别说自我的发展了。

而在陪伴孩子的时候，也是同样的道理，要全身心投入进去，好奇孩子的感受，好奇孩子对什么感兴趣，好奇孩子真正想要的是什么。同时，要始终相信孩子拥有正向的意图，孩子想变得更好，而且孩子已经尽到了他最大的努力。

当我们这么做的时候，孩子就能感受到。孩子虽然小，感知能力却很强。你的喜怒哀乐他都能感同身受。当你发怒的时候，当你疲惫的时候，当你严肃批评他的时候，孩子都看在眼里，记在心里。

只是嘴上跟他说一句"我爱你"还不足够，还需要用温柔的语音、语调，常常在脸上挂起微笑，通过温暖的拥抱，全身心的陪伴，让孩子感觉到你和他同在。这样才能给他塑造一个安全的家庭环境，让他感觉到自己是被爱的，而且他值得被爱。

当他感觉到自己被全然爱着的时候，那么这朵生命之花就会绚烂地绽放。

003

反观我自己，在我精力很好的时候，我确实会全身心投入陪伴孩子，那个时候孩子会觉得非常幸福，非常自在，也会非常温柔地配合。

而有时候我工作非常劳累，忘记了微笑，也忘记了自己的措辞和语调。那个时候我特别期待孩子理解我，听我的指令。事实上，越是这个时候，孩子越会觉得委屈。

所以我跟孩子约定，当她感觉不到妈妈的爱，请她直接告诉我她的感受。并且，如果可以，请告诉我要怎么做，她才会感到安心。

武志红老师说过："情绪就像那一列列火车，有时候你就会忍不住或者说不自知，登上了某一趟情绪列车，不过没关系，通过不断地修炼，当你觉察到你上了某一趟情绪列车的时候，赶紧下来就好了。"

所以告诉自己，孩子要的是父母全身心的陪伴，父母情绪状态的微妙变化，孩子都能感知到。

我们精力好的时候，努力给孩子营造一个信任、安全、充满爱的环境。并且，记得提前跟孩子打好招呼，请孩子直接告诉父母，他的感受和期待。这样，即使偶尔没有做好，有了孩子温柔的提醒，家也能变得更加安全和有爱。

15

每一次接送，孩子都记得

001

每天早上我都送女儿去上学，然后去上班。但没有时间送儿子去幼儿园，因为他九点钟之前到幼儿园都行，对我来说那个时间实在是太晚了。

以前一直是他奶奶送他，他也确实喜欢奶奶送，因为晚上他都是跟着奶奶一起睡，所以他跟奶奶很亲。

以前我问他："妈妈送你好吗？"

他会说："我要奶奶送。"

但是，随着时间的推移，我们的感情持续加深，他开始懂事了，越来越体会到妈妈的好，越来越依恋我。

所以，当他主动跟我说："妈妈，你什么时候送我、接我？"

我就跟他说："妈妈明早送你上学，好不好？"

儿子非常开心，高声地回答："好！"

"宝贝，那你记得早点起来。"

第二天早上，我去唤他起床，他躺在床上，马上举起自己的右手，伸出五个手指。

"你是说你要再睡五分钟，是吗？"

"嗯。"

于是我就走开了。等到五分钟后，我跑过去跟他说："宝宝，五分钟到了，你要起床吗？"

他马上从被窝里钻出来。我给他穿好了衣服，接下来就让奶奶陪他吃早餐，我先送女儿去学校。

送好女儿，我回到家里，儿子已经吃好早餐了。

"宝贝儿，走了，妈妈送你去上学。"

儿子欢呼雀跃地答应了，于是我们就出发了。

走在路上，我问他："小宝，你喜欢妈妈送你吗？"

"喜欢！"

我又恬不知耻地问他："你是喜欢妈妈送，还是喜欢奶奶送？"

他说："喜欢妈妈送。妈妈你都还没送过我！"

"是呀，这是妈妈第二次送你。"我接着问他，"妈妈送你好在哪里？"

没想到他马上用自己的右手，拍拍他心脏的部位，脱口而出："妈妈，好在心里。"说完，还害羞地笑了。

没想到他能说出这么暖心的话，我听了以后心都要融化了，跟吃了蜜似的。小宝实在是太暖人了。

我很纳闷他这些话是从哪里学来的，还配上了动作，实在是太厉害了。

我忍不住夸他："宝宝，你说的话好甜啊，像个诗人。你是不是早饭吃了蜂蜜，怎么这么甜？妈妈听了都要融化了，我太爱你了！"

"妈妈，我也爱你！"他接着说，"妈妈，今天放学了你要来接我。我们下午会吃水果点心，我吃完了你就来接我。"

"好啊，你们都吃什么样的水果？

"我想不出来。"

"那你最喜欢吃什么样的水果？"

"哈密瓜。"

"放学了妈妈再带你去买一点，让你吃得饱饱的，好吗？"

儿子听了，高兴得不得了："妈妈，你要是不上班就好了，可以天天接我、送我。"

"要是妈妈能够天天来接你、送你，那就太好了，我也喜欢接你、送你。妈妈要多看书、多学习，变成一个很厉害的人，最好在家里上班，这样早上可以送你，下午可以接你，你说这样好不好？"

他说："好！"

002

到了学校洗手池的地方，他非要洗手。这个孩子很有秩序感，本来在家里刚刚擦过手洗过脸了，现在他又要洗手。他自己打开了水龙头，踮着小脚尖，认认真真地把水流开得小小的，这孩子真是节约的典范啊！

然后，他跑到保健老师那里，保健老师拿着小手电筒给他检查了一下口腔，就给了他一块小红牌子。

我跟孩子说："宝宝，跟老师打声招呼，说早上好。"他没有说，只是腼腆地笑了一下。

我本想把他拽回来，跟老师说早上好，突然意识到，不行，小孩子还小。

"宝宝，下次你可以跟老师说早上好，也可以说你好，还可以什么都不说，只对着老师微笑。老师看到你这个甜甜的微笑就像吃了蜂蜜一样，肯定也很开心。"

孩子听了我这番话，看起来很开心，嘴角始终泛着微笑。我心想，我的宝宝就像一只不蜇人的蜜蜂，随身带着一罐子蜂蜜，随时给妈妈吐出蜂蜜来，十分甜蜜。

到了教室以后，我跟老师打了声招呼，打算离开。没想到孩子非得拉着我去看被子，我有些丈二和尚摸不着头脑，以为他要交代我下午接他回来的时候，要把被子拿回家。没想到他是要我到他的床边看一下他的被子，好像确认他的宝藏就埋在那里似的。

老师跟我说："奶奶每天早上送他过来的时候，他都要拉着奶奶到床边去看一下他的床和被子，还要让奶奶给他脱外套。"

我突然想到我的宝宝怎么跟一只绝地蜂似的，每天去到教室活动区域前，一定先在自己的床边晃悠一下，确保没问题，被子在那里，才肯去教室的活动区。看来我的宝宝还很小，自己的本能还没有去掉，秩序感极其强烈。没关系，慢慢都会成长的。

我问老师："孩子在学校里怎么样？有没有给老师们添麻烦？"

老师说："还挺好的，只是比较内向，平时不太说话。"

我心里"咯噔"一下，回道："他在家里还挺注重逻辑的，说什么话都会往下接，还挺会推理。不过前段时间他不肯上学，我问他为什么。他觉得有小朋友太吵了，他不喜欢这种吵。"

老师说："那可能他是比较内向，比较安静，喜欢思考的孩子。"

老师接着告诉我："你和奶奶送不一样，平时奶奶送，他都不肯让奶奶走，舍不得奶奶走，一直要跟奶奶说好久，而今天就很干脆。"

我想大概是我的话语让孩子有了一种安全感，所以他很放心，知道妈妈会来接他，内心的情感需求得到了满足，所以才愿意留在那里。

我准备要回去了，我远远地看了一下他，我们像有心灵感应似的，他也看着我。我给他送了个隔空飞吻，他也给我回吻，然后面带微笑地看了我一眼，就高高兴兴地去玩了。

孩子真是天使，如果你给孩子温柔的爱，孩子将加倍地返还给你。

003

有一种说法，比较爷爷奶奶、外公外婆接送的孩子，天天被父母接送的孩子，会更加自信。

所以，几年来我都坚持早上送女儿去幼儿园。现在她上小学了，由于她晚上放学时间太早，我还没下班，所以由爷爷奶奶接她，但我依然坚持早上送她。

因为早上的时间比较匆忙，我基本上只能选择稍微早一点送女儿上学。所以每次我休假在家，都特别期待能够抓住机会，也送一下儿子去幼儿园。

能够有机会送儿子去幼儿园，我感到非常充实，非常幸福，而孩子又何尝不是这样认为呢？孩子是天生的感知专家，他能够敏锐地感知到父母对他的爱。尤其是妈妈对孩子那种天生的爱，是难以割舍的。

每次送孩子的过程，只有短短十分钟。可别小看这十分钟，涓涓细流汇成大海。我们常常都会在这么短的时间内，说一些心里话，一些悄悄话。

比如，在早上送女儿的路上，我们会继续交流很多东西，包括她对今天的学习会有什么样的期待，今天早上她的心情怎么样，感觉好吗？或者继续夸一遍她昨天做得特别好，特别有成就感的事情。

其实，这相当于保证了每天都会有这样一个亲子交流的时间，这样的时间是雷打不动的。加上我又学了教练技术，所以每天路上的时间，其实也是给孩子的一次赋能。

一天一天地累积起来，涓涓细流汇成爱的海洋，孩子也就一点一点地成长起来，而孩子的自信心也会在这样的陪伴、关心、赋能的过程中，一点一点地建立起来。

我每一次为客户做教练的时候，客户的问题或者他的发现都是未知的，这个过程就像一次探险之旅。我给客户建立一个安全，一个能不断探索和发展自己的领域，或者一个旅程。这样的领域或旅程，每次大概持续一个小时。

经过多次的陪伴，客户的自我慢慢发展起来，内心的障碍被破除，潜能也不断被挖掘。客户慢慢地有了动力，也知道怎么去努力，从而变成自己想要变成的那个人，进而实现自己的梦想。

每日接送孩子，就像展开了一次短时间的教练之旅，就像给孩子建立了这样一个安全的领域。在这个过程中，我去关注孩子的感受、心情，孩子有哪些成就，有哪些期待？孩子今天在学校里学到哪些新的知识？可能会面临哪些挑战，哪些挫折？

每天都有一点点的进步，就这样累积起来，日复一日，时间会给我们答案，时间会给我们带来复利效应，孩子就这样在我们的眼皮底下一点一点地成长起来。

单看某一次的接送，好像没有什么，可是一直持续下去，我坚信你终究会看到回报。孩子的成长，孩子的安全感不断地建立，孩子的自信心不断地累加，就是最好的回报，而在这个过程中彼此也收获了更加深厚的亲子关系。

所以如果有时间，想办法去接送孩子吧！如果没有这样的机会，想办法去创造机会，哪怕只能偶尔接送一下。

当然，在这个过程中要注意，不要把接送时间当成一个说教的时段，不要去苛责孩子或者给他施加压力。因为那样做只会适得其反，还不如不接送。

第四章

教练式育儿法
增进亲子感情

16

如何让两个孩子和谐共处

001

一天晚上，婆婆做了清蒸老母鸡，先生还煲了鸡汤。这是先生昨天买的一只散养了三年的老母鸡，虽然肉质有点硬，但非常香醇，我好久没有吃过这种有机味道的鸡了。

儿子坐在桌前咬了一下鸡腿，发现太硬，嚼了一会儿，就把它吐出来了，干脆津津有味地吃起炒虾皮，喝起鸡汤来。

等我们都快吃完了，女儿才上桌。女儿吃晚餐比我们慢的一个原因是，刚吃晚餐时，她说有一个做手工的灵感，必须马上把它做出来，才能抓住它，不然等会儿就怕忘了。其实她在尝试用纸做一个袋子，里面还装着她喜欢的一块紫色玻璃。

女儿也咬了一口鸡腿，发现太硬了，放了回去。结果看着满桌的素菜，就有一口没一口地在那里吃白米饭，她还时不时跑过去进一步完善她新做的手工纸袋，比如，在外面加点好看的颜色。我稍微夸了一句，就开始催促她赶紧吃饭，饭菜凉了。

而儿子早已经专心地吃完了饭，而且还破天荒地主动把碗和勺子都送到厨房里去，我和先生都忍不住夸他特别厉害，吃饭吃得那么好，还那么勤快。这一下可就捅了马蜂窝，女儿不高兴了，气呼呼地叫道："他才不厉害，因为今天他吃饭比我吃得早，所以他才先吃完。"

女儿一脸的不高兴，哪怕后来我们出去散步，在路上，我试图用说理的方式说服女儿要认可弟弟，女儿还是不买账。

最后我无意中说了一句："你看，平时都是奶奶追着他喂饭，他一边被动地吃饭，一边玩他的小车子或者任何可以移动位置的东西。他有时候趴在桌子上玩，有时候趴在沙发上玩，有时候甚至跪在地上或趴在地上玩车。而这次，他没有让奶奶喂饭，自己主动把饭吃完了，还把碗和勺子拿回厨房去了，进步很大。所以我才会抓住机会狠狠地夸奖他，这样以后他才会持续进步。"

女儿似乎被我说动了，不过她还不忘提醒我："那你刚才要说明这一点。还有，以后不可以说弟弟吃得快，你说弟弟吃得快，感觉我就吃得慢了，我也希望能获得认可。"

女儿总觉得自己比弟弟做得好，同时也期待父母可以看到这一点，并且先来夸奖她，而不是弟弟。

之后回到家，大家各自做自己的事情。儿子说："可以帮帮我吗？我拼不出乐高拼图。"于是我请女儿去帮忙，女儿满口答应了。

在女儿帮儿子搭乐高积木的时候，我从书架上拿了一本《写出我心》。我把这本书的塑料封皮剪开，坐在客厅的角落，开始读起来。

才读了一页，我就发现它异常精彩，可是它已经静静地躺在书柜里一两个月。我忍不住给女儿念了好几段，她听了也饶有兴致。于是我继续读那本书，十分着迷。

后来儿子也开始看书，他翻的是《写给宝宝的物理学书》。

过了好一会儿，女儿终于帮儿子搭完积木拼图，我真诚地感谢了女儿对弟弟的帮助，同时也感谢她让我有时间见缝插针看一会儿书。

女儿听了非常开心，一高兴就非常大方地把自己做的纸袋子送给儿子，儿子也非常开心。看到姐弟俩其乐融融，我心里感觉非常温暖。

女儿竟然兴奋地跟我说："我感觉很有成就感，非常喜欢弟弟。"

瞧，前面我说了一大堆都没有作用，反倒是她因为帮弟弟做了一件事情，并且得到了妈妈的认可，也得到了弟弟的喜爱，突然就放宽了心，转而去认可别人，喜欢别人了。

002

因为我们收到了足够的欣赏和赞美，有足够的信心，才开始变得心中有爱，从而有力量去容纳其他人，欣赏他人，赞美他人。

比如，女儿在吃饭这件事情上，没有得到充分的认可。一直以来，她都吃得比较少，也有些挑食，而且吃饭的时候喜欢走来走去，说个不停。我们一直在督促她提高吃饭的速度，最近她开始尽量在半小时内吃完，不过还没有得到改善，我估计她承受的大多是我们的着急和催促。

而这一次，饭前她正好又有灵感出现，要做一个手工的纸袋子。和以前一样，她沉迷于把灵感变成现实，最后也真的做出来了。其实这种投入和动手能力是很令人赞赏的，她也很期待被别人认可。

事实上她所获得的认可还不足够，就马上收到了父母的催促。偏偏这个时候，我们又一直在夸奖弟弟。相比较之下，自然让她心里不平衡了。

假如回到最开始的时候，我会这么做。

首先当女儿做完她的手工，洗完手跑到桌上来吃饭的时候，我会把她拿过来的作品仔细地看一番，夸奖一下我认为那些做得漂亮或者特别有创意的细节，再夸一下她的认真和投入。

等到我们要夸弟弟的时候，我可以先说："你看姐姐吃饭和之前相比，有很大的进步，每次都能在半个小时内就把饭吃完，今天肯定也一样。"

接下来再接着夸弟弟比之前有很大的变化，今天自己吃饭了，而且还把吃完的碗和筷子送到厨房去。

"你们兄妹俩都各自有很大的进步，都很棒。如果以后你们每一次吃饭都越来越好，那么以后我们吃饭的时候就会更加开心，你们也会健健康康地长大。"

总之要先认可姐姐吃饭之前的努力，同时在夸弟弟之前，也要先夸一下姐姐最近在吃饭方面的进步。这样她才能够坦然接受弟弟被夸的事实，还会有更大的心胸去接纳弟弟的好。

由此我也想到了教练技术当中，教练也要始终相信客户是行的，改变是一定会发生的，客户拥有这样的资源去做出改变，客户都有积极正当的意图。

正是因为这种信任在先，他会全然地聆听客户，帮助客户，始终会用爱的陪伴，给客户创造一个安全的空间。而客户则会敏感地觉察到这一点，所以客户才会给教练全部的信任，也会敞开心胸。相应的，教练也会自觉自愿地忘记自己的存在，跟随客户流动。

我刚开始做教练的时候，常常很着急地想着自己下一个问题该问什么，很焦虑。又或者因为自己太过好奇，想去探究客户种种令我感兴趣的地方，顺便把客户特别优秀的地方学过来，以至于不能帮助客户发展自我。

所以，在那样的情况下，客户怎么可能信任教练？你并不是来帮助我发展自身的，只是为了满足你自己的心愿，我当然不可能全然信任你，因为你并不是为了我。

而对孩子来说，要让孩子的心胸变得更加宽广，去信任和接纳别人的好，首先他自己要受到足够的信任，他自己的优点要让别人看到，他自己要得到认可，才能更多地认可对方。

由此我得到一个启发，像我们这样的二胎家庭，如果期待大宝能够全然地欣赏、赞美、认可二宝，首先要让大宝感受到被认可的滋味，感受到被欣赏、被信任的美好感觉，他才会想到把这种美好的感觉传递给弟弟或者妹妹，传递给更多的人。

17

二胎家庭如何一碗水端平

001

我经常会碰到这种情况，孩子碰到什么新鲜好玩的东西就想去买，并且要求大人马上去买。

尤其是有了二宝之后，情况就变得更加复杂了。一个宝贝有了什么，另一个宝贝也会抢着要。

在当教练的过程中，我们会通过提问转移客户的注意力，也会一步步地挖掘更深的价值链条，尤其是核心价值。

在实践中我们发现，哪怕我们的提问不够精准，客户的注意力也会随之被转移、被带走。

这给我的启发是，当孩子有需求且这个需求我们是不可以去满足的时候，就要想想通过什么方式去转移他的注意力。

另外，在教客户时，我发现有的客户看起来是想要一个东西，但经过不断的探索之后，我们会发现其实背后还潜藏着更深的需求或者真正的需求。

也就是说，价值是有排序的，面对不同的价值需求，当中一定会有更重要的价值，会有他更为看重的东西。如果找准了他更加想要的东西，那么之前的那些东西就不那么重要了。

比如，在公园里玩的时候，小宝突然吵着要买牛肉干吃，并且要爸爸妈妈赶紧去买，可附近哪里有牛肉干卖？更何况我也不想去买，不能他想买什么就马上给他买。如果每次都有求必应，那必然会成为溺爱和放纵，这是我不愿意看到的，我期待我的孩子懂得自制。

于是我苦苦思索，相对于牛肉干，孩子更喜欢的是什么，他还想要什么？

今天出发之前，孩子就说他想去挖沙子，如果这公园里有沙子，那么他很可能就欢呼雀跃地跑去挖沙子，买牛肉干的事情估计就能被抛诸脑后了。

于是，我跟他说："小宝，我们去看看那边有没有沙子玩吧？"一听说玩沙子，孩子立马就说："好呀！"转眼就把要买牛肉干的事情忘得一干二净了。

002

在处理两个孩子争抢玩具、互相攀比的问题上，可以有别的思路。

父母可以智取，要考虑每个孩子真正在意的是什么，当他们互相争抢的时候，要去想想每个孩子更加想要的东西是什么。

比如，女儿有一天晚上已经约了同学出去玩儿，双方约定各自带着自己的木剑出去玩游戏，可是家里只有一把竹子做的剑。弟弟一听，也抢着要一把，但是大晚上的，我到哪里去给他再弄一把剑过来？而且我把家里找遍了，也没有棍子或者别的东西可以替代。

看到弟弟就要来抢自己的剑，女儿都快急哭了，坚决不给，两人剑拔弩张，一场大战在即。

我灵机一动，想到小宝最近特别爱骑自行车，姐弟两个也经常争抢自行车。但相对来说，小宝更爱骑自行车。

这个时候我给了他一个选择，我说："小宝，如果你要玩剑，自行车就得给姐姐骑，你看你是骑自行车，还是去玩剑？"

小宝有些犹豫，不过最终他还是选择了自行车，姐姐终于松了一口气。

接着我又问女儿："等会儿弟弟先骑自行车，等你去做作业的时候，再给弟弟玩剑，你同意吗？"

姐姐立马笑着说："没问题！"弟弟听了也很欢喜。

于是，我们一家人就高高兴兴地出去散步了，姐姐配着她的竹剑，特别神气。弟弟骑着自行车，也非常开心。

003

如果有可能，尽量什么东西都买两份，也就避免了争端。

在这个过程中，我们曾经也犯过一些错。比如为了节省，为了不浪费，一些不贵的玩具我们也只买一份，美其名曰告诉孩子要学会分享，期待给孩子创造这样的机会，让他们学着分享。

可是往往事与愿违，一个人正是因为不曾拥有，所以才会害怕失去。当孩子一直得不到他想要的东西，他可能就会变得更加自私。

有些家长会要挟孩子说"如果你不跟姐姐／哥哥分享，我就不给你们买了，谁都别想要"或者说"谁乖一点，懂事一点，我就买给谁"。这等于告诉孩子，父母给你们的爱是有条件的，如果你们不按照父母的要求来，就不配得到父母的爱，也不配得到礼物。这也变相地造成了兄弟姐妹之间无谓的竞争。

虽然孩子争抢玩具，不至于对彼此造成什么危险，但是因为这样的事情造成孩子之间的隔阂，其实没有必要。

对于那些并非价值不菲的东西，又在我们的承受范围内，可以考虑给两个孩子分别买一套，让他们同时拥有，不是更加美好吗？

在经济条件允许的情况下，让孩子都有充分的玩乐资源，可以从根本上避免他们互相争斗的痛苦。

从家长的角度来讲，为了让孩子分享一个价格低廉的玩具，没有接纳孩子都想拥有美好事物的心愿，一味地劝说他们分享，却为此耗费了大量的时间，实在是得不偿失。

作为一个教练，要明白什么是更重要的。时间和精力对于我们来说非常重要，孩子的幸福和快乐也很重要。在资源有限的情况下，大家尽量去分享。在资源足够的情况下，还是尽量节省我们的时间精力。

与其花费大量的时间去劝说孩子分享，结果他们却都不高兴，还不如给他们各买一份，让大家欢欢喜喜，而父母也有更多的时间去做更有意义的事情。

18

孩子有错不肯改怎么办？

在孩子成长的过程中，他们的大脑也在不断发育，孩子很可能有一些做得不够完善的地方，那么如何利用其现有的优势加以组合，让孩子取得快速突破呢？

有一天，我下班回来，刚进门就听到先生郁闷地对我说："今天女儿的作业还没有写，她把很多数字都写反了，好心给她指出来她还不乐意，结果作业一点都没写，你开导一下她吧。"

我一看女儿，果然还在那里气呼呼的。

我赶紧放下包，跑过去摸摸女儿的头说："别担心，有妈妈在，等会儿就来帮你看一下。"

吃完晚饭，我们出去散步了一会儿，回来我就抓着女儿给她辅导功课。

我看了一下，果不其然，1到9这几个数字，有好几个女儿都写反了。

我跟她说："宝贝儿，今天爸爸说你，你一定很难过吧？"

"是的，他说我这些都做错了，还说得那么凶。"

"宝贝，难为你了，来，妈妈抱抱你。"我赶紧安慰她，等她平静下来，露出了笑脸，我接着跟她说，"宝贝，你还记得上次我们听的混沌大学创新院课程吗？洪兰老师讲过人的大脑发育是一个循序渐进的过程，孩子小的时候，大脑还没有发育完全，所以有一部分孩子就会把数字写反，他们并不是故意的。"

"是呀，妈妈，我还记得那一段呢。"

"随着时间的推移，慢慢地，这个问题就能够纠正过来，长大了就没有这个问题了。"

"嗯！"女儿因为得到了理解和接纳，情绪很快就放松下来，脸上也露出了笑容。

我接着说："宝贝儿，你看，针对这个问题，现在有两个选择，你看你想要选择哪一个？第一个是不用去管它，等你慢慢长大，你的大脑慢慢发育成熟了，到时候你的数字就会自然而然写正了。但是今后你还会持续碰到这个问题。第二个选择，就是妈妈帮你找一个方法，你努力尝试运用这个方法，迅速地解决这个问题。这样，你就不会再碰到这个难题了，爸爸也不会着急了。你想要选择哪一个呢？"

"当然是第二个，我想赶紧把它改正过来，就不会再出错，也不会被爸爸骂了。"

"太好了！其实也很简单，你多练习，通过刻意练习，你就能够掌握它了。现在妈妈算了一下，一共有五个数字，每个数字你去写几遍。妈妈先给你写出一个正确的样子，然后你再重新写几遍，这样练习之后，我相信你就能够慢慢纠正过来了，只要多练习你一定可以改正过来的。你觉得每个数字写十遍、九遍，还是八遍呢？"

女儿想了一下说："当然是八遍了，八遍少一点。"

"那好，开始行动吧！"

"妈妈，我有个想法，我想要把它们画出来，而不是写出来。"

"你这个创意太好了，那就这样去做吧。只要你能掌握好这些数字的正确写法，不管什么方法，都可以大胆尝试。"我马上鼓励孩子。

女儿已经坚持画画好几年了，她特别喜欢画画，所以我想，如果能把她学习和画画的爱好组合起来，让她学得更好，为什么不可以去尝试呢？何况是她自己主动提出来的，我更要大力支持了。

于是，她很认真地坐在那里，我准备洗澡。期间我去她房间里拿东西，或者从门外经过时，她都全神贯注，而且还很喜悦的样子。

最后，她把每一个数字画成了八幅迷你版的画。

经过那一次以后，我发现她基本都没有再把数字写反过。

偶尔有写反的，我会笑着提醒她："快看，你这个数字又写成照镜子的模样了！"

每到这个时候，她都会哈哈大笑起来，同时快速地拿着橡皮把它擦掉，重新改过来。

我又如法炮制，当她写拼音有些分不清的时候，比如 b 和 p，我也启发她用画画的方式加深理解，结果她依然做得很好。

这些事情给我很多体会。

第一，要尊重孩子大脑的发育情况，正视它，理解接纳孩子，这样做，孩子就有勇气直面困难，解决问题。

第二，要把孩子的优势和碰到的困难尽可能结合起来。这样做，孩子很有可能就可以更快地掌握这些知识。并且，在这个过程中还能体会到学习的快乐，就像游戏一样。

这样做，一方面孩子能够迅速地，把他现有的能力迁移到新的领域，另一方面是孩子在玩游戏的过程中，就完成了学习和解决问题两件事，既高效又轻松。

19

父母和谐，孩子才会更好

001

生活中，你是否也经常遇到这样的问题？本来先生想早点出门带着一家人去玩，结果自己和孩子们却拖拖拉拉，耽误了时间，导致先生很不高兴。

我们家基本上每周六都会全家出动，先生开着车，带我们找一个公园郊游，孩子们能多晒晒太阳，也多接触大自然。

很长一段时间里，我们都会碰到一种困扰，那就是先生早就准备好了，而我们却拖拖拉拉。本来大家都开开心心的，最后先生一生气，事情就不好办了。

每次想到又到周六了，孩子们就特别开心，又可以去公园里玩耍。尤其是女儿，她特别喜欢观察各种小动物，甚至会去捉螃蟹、捉蝴蝶、捉蜻蜓、捉蚱蜢和捉蟋蟀，这是她和先生最近一年以来，养成的共同爱好。

女儿越来越勇敢了，毫不害怕。我常常欣赏并且略带夸张地跟她说："宝贝儿，看来你将来要成为一位昆虫学家！"她听了，好不得意。

而儿子也很开心，他最喜欢到公园里玩沙子、堆沙堡，或者拿一根树枝在水里面蘸着水说是钓鱼。还有，就是可以和大人在草地上奔跑踢球。

所以，每到周五晚上，孩子们就开始欢呼雀跃，期待着周六户外美好的一天。

有一次周六，我5点爬起来，看了一会儿书，做了一次教练，然后又跑到楼下做语音写作，还跳了绳，回到家里的时候已经8点半了。一大早就有很多收获，我非常有成就感。

我开开心心地回到家，发现先生和孩子们都已经起床了。我赶紧陪着孩子们洗漱，给女儿煎鸡蛋……最后快弄好时，已经10点了。这期间，我和女儿说说笑笑，聊了好多。

早就准备好的先生已经不耐烦了，他说："再不出去就晚了，路上又堵车，而且找停车位也不方便。"

我跟他说："大概还需要15分钟，请再等一等。"

先生一听就怒了："还要再等15分钟？我等你们容易吗？每次又给你们当车夫，帮你们规划路线，还要等你们。每次都拖拖拉拉，你们可不可以有点时间观念？你不能光想着自己学习，搞得那么晚，他们又这么拖拉……"

我听了好郁闷，就像大冬天里，头上被人泼了一盆冷水。

我辩解道："你早上起来没有多少事情，而我想学习。还有女儿等着我给她煎鸡蛋、扎辫子。事情那么多，晚一点很正常。"

先生还是不满，他回道："你看这里事情那么多，能不能有点时间观念，稍微快一点？每次都这么拖延，搞到十点多。算了算了，现在这么晚了还是吃完中饭再出去吧！"

然后，他就气呼呼地提着袋子摔门而去，出去买菜了。

002

先生平时除了出差就是在家里办公，我早上8点钟就出门去上班了。公婆小时候苦惯了，特别节省，舍不得多花钱买好一点的菜，所以先生就主动承担了买菜的任务。他会想尽办法给孩子们买各种好的菜，回来再让婆婆做饭，而我则是在周末才会做饭。

先生一走，我们都傻了眼，尤其是孩子们，开始哭闹。

"爸爸太过分了，说好了早上出去的，吃什么中饭？在家里吃完中饭太晚了，来不及了！"女儿焦急地喊道。

我本来想接着抱怨，可是转念一想，不行，这也不是先生的问题，我确实在时间管理方面有问题。而且这个问题已经反复出现，说明我们的模式有问题。老是在同样的模式和问题上浪费精力，这不太明智，我需要想一个新的习惯去替代它。

的确，我和先生在这方面的观念不一样。他觉得不管去哪里玩，都要规划好时间，早一点出门，早一点回来。这样，路上不堵，停车也方便。

而我就觉得出去玩，开心最好。辛苦了五天，好不容易可以让孩子们睡个懒觉，我们可以晚一点出门，没必要这么赶。

而且，我还一直认为，在带着孩子们游玩的过程中，跟着孩子的节奏就好。孩子们就像一只只慢慢爬的蜗牛，它很有可能对身边的任何一个小事物感兴趣，比如秋天树上掉下来的一片小树叶，他都可能站在那里兴趣盎然地玩半天。

观念不同没有关系，我们可以求同存异。因为我们有着共同的需求，那就是周末带着孩子们出去多接触大自然，同时也让他们晒晒太阳，我们完全可以想出一个建设性的意见达成一致。想到这里我变得平静，开始耐心地想起办法来。

等先生买菜回来，我就迫不及待地问他："我们周六出去玩，如果不拖延，你想几点出发？"

先生本来还没有完全消气，但他马上从我这句问话里听到了诚意，立马回答："九点。"

话刚出口，他就意识到有点太早了，毕竟孩子们还要睡懒觉。他说："9点到9点半之间吧。"

我说："太好了，那就9点半吧，以后我们就约定9点半。如果9点半我们都还没有准备好，你就不用搭理我们了。"

我再把目光转向孩子们，尤其是问稍微懂事的女儿，我问她："9点半你可以吗？以后我们9点半之前都要提前准备好，这样，我们也就不用因为拖延的问题而继续吵了，你觉得你们可以做到吗？"

女儿马上回答："可以的。"

"太好了，这样我就不用担心了，以后每周六9点半前务必要收拾准备好，我们就可以出去玩一整天了。"我说道。

在接下来的每个周六，我们就按照这个9点半的原则准备。

后来，我们9点半就准备好了，先生看我们准备得那么好，特别开心，轻松地说道："既然你们早就准备好了，那我们现在就出发。"于是我们就高高兴兴，浩浩荡荡地出发了，在公园里玩了一整天。

这件事情的完美处理给了我很多感悟。

首先，和家人意见不合的时候，要沉下心来，观察和思考一下，这件事情是不是反复出现？这样我们才能用一个新的模式去替代它。

其次，想一下双方都有什么需求，双方需求的共同点在哪里。

然后，想出一个新的习惯来替代原有的习惯，从而形成一个全新的模式。尤其是在拖延时间的这件事情上，双方约定好一个可以接受的截止点，便可以很好地解决争端。

20

养育孩子离不开家人协助

001

在我们的教练学习中，有一个内容叫利益相关者训练，就是思考。当客户做到了某一件事情或者取得了某一个成果的时候，还有哪些人会从中受益？

一切事物都是相互影响的。我们持续地学习和成长，实现了更大的价值，成为自己想要成为的人。整个过程中，我们的改变和成果不仅会给自己带来益处，也势必会影响到更多的人。

更多的人因此而受益，反过来也会让我们获得更大的动力去持续改变、成长。

从逻辑层次的角度来看，逻辑层次的第一层是愿景或者系统层，要站在一个更高的角度去看，去跟这个系统共舞。你的愿景里除了你还会有谁？或者从逻辑层次的第六层去看，我们处在怎样的一个环境当中？

这些让我们懂得，我们并不是一个孤立的存在。我们生活在这个地球上，与他人息息相关。所以，我们要维持好自己的整个系统，和家人保持良好的关系，取得动态的平衡。只有这样，才会有一个更稳固的后方。

家人之间互相理解，互相支持，就会促进家庭关系更加融洽，也能够为孩子的身心健康发展提供一个安全、良好的环境。

家人之间要互相协助，因为孩子的成长不是某一个人的事情。如果把家庭看作一个系统，家庭成员是元素，那么各个家庭成员之间有好的关系，这个家庭才能更好地运作。

每个家庭成员有各自的特点，各有所长，如果都能发挥各自的优点，就能帮助孩子更好地成长。

002

我们家也在不断磨合的过程中，每个人都开始慢慢展现出自己的优势。

比如我更善于引导、说服孩子。所以当孩子们有强烈的情绪时，都是我负责安慰他们。当孩子们在学习时碰到什么困难，也是我陪伴孩子分析问题，解决问题，并且随时给孩子赋能。

我更喜欢阅读写作，给孩子们讲故事，帮孩子们打开视野，见识更多伟大的人，从而给孩子们带来榜样的力量，同时也能让他们从小建立阅读的习惯，将来才能够厚积薄发。

而先生更喜欢开着车带我们出去郊游，接触大自然，带孩子去捉昆虫，捉螃蟹，观察各种动植物。在这个过程中，孩子们和爸爸建立了深厚的感情。

还有，先生喜欢带着孩子们通过 iPad 看赶海的视频。得益于此，两个孩子对大海产生了浓厚的兴趣。他们常问爸爸："什么时候能再带我们去海边捉螃蟹，去赶海。"

由于先生的工作性质，他不出差的时候基本就在家办公，因此承担了很多家庭事务。当先生要出差的时候，在家庭事务方面，我就需要承担更多的责任。少了一个靠山，我感觉有点首尾难顾。先生在家的时候，我才会觉得特别安心。

婆婆不认识字，她是一个勤俭持家、极其传统的老太太。如果不是因为要给我们带孩子，她会一直待在老家。她的勤劳、节俭、乐观、隐忍、默默付出和对孩子们的关爱，给了我极大的帮助。如果没有婆婆，我的生活很有可能一团糟。工作、陪伴孩子和学习这几件事情，我肯定没有办法处理得那么好。

公公则特别喜欢钻研、运动，他本身也喜欢户外，孩子们小的时候，他整天带着孩子们在外面玩儿，回到家还给孩子们讲故事。

在给我们带孩子之前，他一直在老家种果树、种菜，除了天天跳绳、跑步和琢磨水果的栽培技术，他其实也没有出来过。

来上海以后，开始他是在广场里跳广场舞，后来看到有人在跳交谊舞，他竟然只用了一个冬天就把交谊舞学得很熟，还成了别人眼中的老师。现在每天晚上要他教跳交谊舞的老阿姨都排着队等他。他用自己的努力完成了逆袭，每天除了陪孩子玩之外，就是把所有的空余时间拿来琢磨交谊舞。他总是说："我要经常运动，开开心心的，身体健康了也可以给你们减少负担。"

公公给我树立了一个自强自立的榜样。他学交谊舞，从学习到精通的经历告诉我，任何一个技能，只要你努力去学，哪怕你已经年过70岁，你依然可以做到。

感谢公婆，公婆是我强大的保障体系，有了他们，家务我也不用太操心，他们还可以帮我接送孩子。当我要加班、要上课或者没有力气要休息的时候，他们都会无条件地支持我，他们是我的靠山。

总之，我们家各司其职，发挥各自的优势，慢慢就形成了一个比较稳定、协同的格局。

003

这个过程中，我也在思考自己学习成长是为了什么？我的学习成长不仅是为了寻找和实现自己的梦想，同时也是想带领孩子们更好地成长，和先生一起营造一个更加温馨的家庭环境，大家更加幸福地生活在一起。

父母的高度是孩子的起点，所以我希望能够以身作则。父母的恩爱、互相提携可以帮助孩子获得更加健全的人格。

所以在这个过程中，不能单靠夫妻双方其中的某一方单打独斗，而是夫妻双方都要发挥各自的优势，为每个人创造机会，去获得家人的欣赏。在这种情况下，每个人的心智又得到了进一步的提高。

所以每当我加班或者出差的时候，不能把孩子带在身边，我并不会感到内疚，我会把它当作一个机会，让孩子跟先生有更好的互动。因为平时我在家里，孩子跟我会有很多沟通。我不在身边的时候，正好让先生和孩子们有更多的亲密时光。

郊游的时候，女儿看到一条小虫子或者小昆虫，特别想捉来观察研究一番时，还会叫我帮忙，我没有勇气做一个女汉子，我跟女儿说："宝宝，我很怕虫子，爸爸很厉害的，你去找爸爸可以吗？"

有人说："为母则刚。"我反倒觉得不用时时处处都表现得特别刚强。比如我害怕昆虫，害怕小虫子，我不愿意去捉，就不必强迫自己为了孩子去做这些事，我也不用时时刻刻把自己塑造得无比强大。

时间长了，女儿就知道，这类事情妈妈可能并不那么擅长，去找爸爸就好了。开始时我会觉得有些愧疚，我是不是在推卸责任？但是在以后的日子里，看着他们父女俩那么和谐、快乐地在研究昆虫，我就感觉到十分幸福。

我想，有时候适度的懦弱和放手可能更有意义。而我要做的，就是充分发挥我的优势，扩展我的能力范围，通过持续不断地成长，给孩子们树立一个榜样，带领他们前行。

第五章

教练式育儿法
让孩子更出色

21

孩子与父母有矛盾很正常

001

有一天，我在家里加班，女儿和先生正在下围棋，这是女儿第二次在家里下围棋。学校里开了围棋课，每周上一次，虽然我给她买了棋盘，但之前只在家里下过一次。

因为先生学生时代经常下棋，围棋、象棋等棋类游戏都会，所以那天趁我在家加班，正好让他们找点共同的事情做，就是让先生陪女儿下棋，顺便也让他们多培养点共同爱好。

父女俩在一旁下棋，两个人有来有往，我在旁边加班。

有时候，我还能听到女儿催促先生快点下，她把手托在腮帮上，在那里冥思苦想。

等婆婆做好晚饭，我们一家人上桌吃饭，我发现女儿还坐在棋盘边上一声不吭。我有点纳闷，刚才我投入地工作，并没有注意到发生过什么争吵。

我叫女儿赶紧洗手过来吃饭，却发现她依然纹丝不动。突然，她哭了！

我赶紧放下碗筷，走到她身边蹲下来，轻声问她："宝贝怎么了？

发生什么事了？你怎么哭了？"

我这一问像是捅开了马蜂窝，她激动得又哭又喊："妈妈，我再也不跟爸爸下棋了，他把我逼得都没地方下了，爸爸实在是太狠了！"

原来下棋时，爸爸步步紧逼，把她打得落花流水，一败涂地，连喘气的机会都没有。他并没有把女儿当作一个刚学围棋的小朋友来看待，她很委屈、很生气。

"宝贝儿，你希望爸爸能够稍微让一下你，或者下每步棋的时候，多给你一点时间思考和反应，对吗？"

女儿点点头，停止了哭喊。

我把她抱过来，轻轻地拍拍她的背，摸摸她的头，她慢慢停止了抽泣。

先生看女儿似乎平复下来，就跟她说："下棋时要保持平常心。"女儿置之不理，甚至还对先生横眉冷对，看来输得实在太惨，自尊心受到了严重打击。

她开始絮絮叨叨："我再也不要跟爸爸下棋了，他下得那么好，还一点儿都不让着我。"

过一会儿，她又说："我不想去上围棋课了。"因为在围棋课上，她还需要跟同桌一起下。而她的同桌之前就学过围棋，所以下得比她好太多了，她技不如人，大受打击，不想跟人家下。

说到这儿，女儿又开始难过起来。

"宝贝儿，原来你在班里也有同样的遭遇，难怪你这么委屈。偏偏今天又被爸爸打击，当然更加伤心了。"我继续哄她。

在我温柔的安抚下，女儿终于平静下来。

最后我跟她讲了很多道理，她终于破涕为笑。

002

以前我读《终生成长》这本书的时候，书上讲到两种心智，一种是成长型心智，一种是僵固式心智，这个女儿也知道。

拥有成长型心智的人，认为很多技能都是可以后天习得的，但凡碰到问题、碰到挫折，都会积极思考：我能从这个问题或者挫折当中学到什么？

而僵固式心智的人，认为人的聪明程度是天生注定的。为了让自己看起来不笨，总是想表现自己的聪明，所以害怕出错，倾向于选择做容易的事情。而遇到困难、问题、挫折的时候，总习惯于逃避，或者怨天尤人。

虽然女儿听我多次讲过这个道理，她自己也经常跟我讲起，可要真正做到成为成长型心智的人，并不是那么容易。

比如，她这次和爸爸下围棋，输得挺惨，女儿在这种失败的情绪之中，就不会思考为什么会失败，和爸爸的差距到底在哪里。爸爸以前学过下棋，下了那么久，而女儿才学了几节课，基本上没有实践过，输给爸爸，这很正常的。现在发现了问题和差距，赶紧去练、去学就好了。

我们总说："懂得了很多大道理，却依然过不好这一生，碰到问题依然是一团乱麻、愁眉不展、焦虑不堪。"那是因为我们并没有通过不断的实践和刻意练习，把那些大道理真正内化成自己的。

说到、听到不等于做到，真正领悟了这个道理并且加以实践，还有很长一段路要走。

事实上在我们做教练的过程中，教练不能去评价客户，也不能给客户提供各种资源，因为我们始终相信客户是行的，客户是有资源的。

资源在哪里呢？

资源就是你掌握的钱财，你所拥有的知识，家人和朋友的支持。而真正重要的，能够给你带来被动积累的那些资源，往往来自身边的高手。

不管怎么样，每个人的身边总会有一些比自己厉害、掌握着更多资源的人。然而很多人对这些厉害的人却心怀恐惧、自卑，不敢主动接近，或者害怕自己不能给别人带来什么价值，给人家添麻烦，害怕别人不待见自己。

当中的具体原因大概有三个：

第一，这些人相比我们更加光芒四射，他们的光芒会掩盖我们的光芒，从而让我们感到自卑。为了避免遭受这种自卑的伤害，我们选择远离他们。

第二，我们有些人认为自己的水平还不够，怕给别人添麻烦，觉得自己去请求高手帮助，是对高手的打扰，所以还是尽量不要去请教他们问题，也不要请求他们的帮助。

第三，还有一些人"吃不到葡萄就说葡萄酸"。有点藐视高手，看不惯高手，所以干脆躲避。

003

那么面对这种情况，我们该怎么做呢？

事实上我们需要转换思路，如果从积极正面的角度来考虑，这些高手其实就是我们的资源，而不应该成为我们自卑的来源。

如果能够与更多的高手相熟识，并且通过自己的魅力，努力给高手带来便利、带来价值，那么高手也很有可能转而来帮助我们。人心都是肉长的，更何况每个人一般来说都不愿意欠别人的。

我记得有一次见一个很厉害的朋友，这位朋友年纪轻轻却气场十足，平时也非常努力、优秀、自信和独立。

当时我非常的自卑，永澄老师指点我说："他比你厉害得多，那他就是你的资源啊！"我醍醐灌顶，豁然开朗。

从此以后，我但凡碰到比自己厉害的人，都会马上转换思路，把他视作我学习和效仿的对象。如果还能得到对方的指点，并且和对方有所交流，我就更加欣喜若狂了。

并且，我也变得更加自信开放了，因为我再也不害怕被别人比下去了，再也不怕比别人黯淡无光了。碰到那样的机会，说明我的学习和成长又多了一个机会和目标。

另外，在我的教练过程中，曾经有客户提及他不愿意去麻烦高手，怕给别人添麻烦，所以他轻易不会和别人接近，更不会向那些高手请教问题。

经过我的教练，客户认识到，其实他向高手请教问题，并且给高手反馈，可以帮助对方创造一个思考的机会，而这种反馈其实也可以给高手一个赋能和改进的机会。

我们有很多的信念和假设，未必正确，或者有一些是错误的，有限制性的，要拿到实践中践行、反思，并且获得他人的反馈，才有可能真正找出那些适合我们的正确的东西。

而我们给高手及时的反馈，其实也是让高手有机会进一步验证自己的假设。

尤其是当我们因为高手的指点和反馈，获得成长和进步的时候，高手也会获得一种成就感，这本身对高手来说也是一种激励。没有人不愿意受到激励和认可。

004

再回到女儿下围棋这件事情。对女儿来说，爸爸会下围棋，那爸爸就是她的资源，如果能够运用好爸爸这个资源，天天请教练习，那么她的围棋水平自然就可以突飞猛进了。

否则，她只看到爸爸比自己厉害，因为自己被打得很惨就畏缩不前，在那里哭泣，从此不肯跟爸爸下棋，那其实是浪费了绝好的资源。

还有，自己同桌的围棋水平了得，那没事就多向他请教，这样每天积累一点，围棋水平也可以渐渐地提高。

总之，一个人如果能把那些比自己厉害的人当作请教对象、学习对象，每日与高手切磋，水平想不提高都难。

我问女儿："假如你能够排除一切障碍，并且通过各种方式获得必要的帮助，在这个学期结束的时候，你的围棋水平就达到了一定的水准，然后能够和爸爸对弈，甚至有时候还能把爸爸打败。并且，你还能和你的同桌不分高下。那个时候，你会有什么样的感受呢？"

她笑起来，开始高高兴兴地和我商量起如何提高她的围棋水平。

22

帮助孩子把潜能变为优势

晚上我加完班回来，女儿和先生也刚刚从菜市场逛完回来，他们买了一些面包、点心，看起来很好吃的样子。

临睡前，我问女儿："跟爸爸出去逛农贸市场感觉怎么样？一定很开心吧？"

然而她似乎并没有特别开心，她说："我还想买那种卷卷的蛋糕，但是爸爸不给买，我有些不高兴，爸爸管得实在是太严了。"

我告诉孩子："爸爸妈妈都一样爱你，只是爸爸和妈妈爱的方式、风格不太一样。"

这其中有很多的原因。首先男女有别，男性和女性的性格不同，男性更加注重秩序感，而女性则更加温柔。

所以一般而言，妈妈相对会更加慈爱一点，会更加包容宠爱孩子们一点，而爸爸则更加注重权威。

有一种说法是，出生在单亲家庭的孩子，如果只有妈妈，相对来说性格会比较柔弱一点，如果只是跟着爸爸生活，这样的孩子可能就会刚强有余而温柔不足。

如果在爸爸妈妈不同风格的陪伴下，孩子更有可能变得刚柔相济、恰到好处。

女儿听了，庄重地跟我说："妈妈，我要做一个刚柔相济的人。"

我跟她说："你还记得那天下围棋吗？妈妈觉得，你在下围棋的过程中，真的沉浸进去了，努力思考。年纪小小就能如此认真，很了不起！妈妈有一种觉察，那就是你很可能拥有下围棋的潜能。不过，潜能和优势不一样。潜能必须经过不断地开发，刻意练习，才有可能慢慢变成你的优势。如果有潜能，却放任不开发，那么你就只会止步不前。"

女儿若有所思。

"就像仲永一样，他自幼天资聪颖，绝对是天才。但是后来他的爸爸成天带着他去各种乡绅富豪家里做客，再也不去学习，到了20出头的时候，他已经变得和常人无异。所以妈妈只是一个'精神助产士'，努力发现你的潜能，但是要真正把潜能变成你的优势，变成你的能力圈，还需要你持续地努力。

"在这个过程中，妈妈会一直陪伴你，通过教练技术引导你，向你提问，让你关注到你不曾注意的地方。如果有必要，妈妈会指导你。但是不管怎么样，真正要去做的人还是你。你肯定会碰到很多挫折，也有可能想放弃，甚至在一开始的时候就被打击了，然后一蹶不振。可是如果你就此放弃的话，你的潜能就再也没有机会变成你的优势了。

"再说回下围棋这件事情，爸爸是一个非常有秩序感的人，哪怕你是一个新手，他也希望认认真真地用高标准要求自己，不可以放水。可是，如果你因为被爸爸杀得一败涂地，就再也不肯去练习，甚至拒绝去上围棋课，拒绝在学校里跟同学去下围棋，你就永远没有机会发挥出这个潜能了。"

我继续启发她："如果你想抓住爸爸这个教你下围棋的资源，又不希望信心被他打击，你应该怎么做呢？"

女儿想了想，回答说："我要告诉爸爸，我希望他能够帮助我，多陪我下围棋，我下次再也不哭了。"

"那你想要他怎么帮助你呢？"我问女儿。

"我希望他快要把我吃掉的时候，可以让我多下几步，或者允许我中间多思考一下。"

"还有呢？"我继续发问。

"我希望，爸爸能够在关键的时候愿意让我悔一步棋。"

"嗯，还有吗？"

"没有啦，我觉得做到这些的话，我就很开心了，我就敢跟他下围棋了。"女儿开心又轻松地说道。

"那当你和爸爸提出这些请求的时候，是凶巴巴地跟他说，还是温柔地跟他说呢？你觉得哪一种效果可能会更好？"

"当然是后一种，妈妈。"

"对呀，宝宝，当我们想要获得别人的帮助时，当然要态度好一点，否则，即使是爸爸妈妈也不愿意被你威胁着帮助。"

女儿连忙点头。

"宝宝，那你觉得你需要爸爸一直这样让下去吗？"

"我希望到这学期结束的时候，我的围棋水平能够提高很多，那个时候我变得很勇敢，很有信心了，我就不需要爸爸让我了。"

"太棒了，那我们就从明天开始尝试吧。"

女儿开开心心地答应了，还说："妈妈你真的是我的'精神助产士'，我也要把爸爸变成我的'精神助产士'。"

所谓的'精神助产士'，是王强老师引用苏格拉底的说法。我当时跟她这么说过，女儿就一直记得了。

能够成为女儿的'精神助产士'，我感到很荣幸。

后来，她就真的这样在爸爸的帮助下练习围棋了。

我并不期待女儿成为什么围棋大师，只要在这个过程中，她懂得如何承受挫折，并且想尽办法克服困难，锻炼思维能力，那我觉得这种努力也是非常值得的。

23

提问比夸奖更能让孩子成长

当孩子有一个新发现、新成果时，我们要如何回应孩子呢？除了说"你太棒了"还有没有更好的方式去夸奖孩子，给孩子赋能？

一天晚上，我们在隔壁的小区散步。女儿特别开心，要回家的时候，跟几个刚认识的小朋友依依不舍地道了别。

"宝贝，看来你今天晚上又交了几个新朋友，还玩得特别开心。而且我注意到你每天晚上都能交到新的朋友，你是怎么做到的？"我一边走，一边好奇地问。

要知道，曾经有一段时间，每天晚上女儿都特别想出去找别的小朋友们玩。有时候运气好，碰到她的同学，或者碰上能够跟她玩的新朋友，她就会很兴奋。但有时候别人不愿意跟她玩，或者她坚持要按照自己的方式来玩，结果别人就不乐意跟她玩了，她特别伤心，闷闷不乐，或者干脆大哭。为此我和先生曾经一度感到很担心。

我们这种担心也是有原因的，因为我和先生两个人都要上班，平时白天是公婆带的多一点。婆婆大字不识一个，为了给我们照顾孩子，才跟我们一起住。她不太会讲普通话，而她讲的方言，别人都听不懂，所以沟通起来非常困难。

而公公则是耳背得厉害，要用很大的声音朝他喊，他才听得见。

所以，女儿小的时候，公婆经常带着她一个人在一边玩儿，不跟别人玩，我和先生很担心孩子变得孤僻内向。

随着时间的推移，孩子慢慢学着交朋友了，我们这种担心慢慢变淡了，但是我没有想到孩子的变化竟然会那么大。为什么她每天晚上总能找到一堆小朋友和她一起玩呢？我很想知道原因。

女儿马上打开了话匣子："因为我总结了一个交朋友的规律。"

我更加好奇了，忍不住问她："宝贝，你的规律是什么？你快告诉我吧，我特别想知道，我也想学。"

"妈妈，是这样子的，我首先会去问别人'我可以跟你一起去玩吗？'如果人家答应了，我还会问'你想怎么玩？' 等到大家已经玩得差不多了，没有什么新玩法的时候，我会再问他们'我还有一个别的玩法或者游戏，你们要不要一起玩？'我现在会先去考虑别人的感受了，等到别人高兴了，自然就会愿意再尝试我的玩法啊！"

"先考虑别人的感受，这个叫利他，永澄老师的幸福进化俱乐部里就有这么一条利他主义的规范，还有吗？"

"还有，我觉得自己要做一个外向的人，我不想做内向的人。"女儿回答道。

"成为一个外向的人，会给你带来什么帮助？"我继续发问。

"性格外向可以交到更多的朋友，我就可以学到更多的知识。我会变成一个很厉害的人，可以帮助别人。"

"当你变成一个很厉害、可以帮助别人的人，那个时候你会有什么样的感觉呢？"

"我会非常开心！"

"如果让你画一幅画，画出那个时候你特别开心的样子，你会怎么画？"

"那个时候我站在舞台上，给大家演讲，然后你们站在舞台边上看着我。"

当孩子有新的发现或成果时，不要只是夸他"你太棒了"，而是好奇地询问：他的发现和成果是什么，会让他和以前有什么不一样？

让他有机会去详细回答，相当于给了他展示成果的机会，这会让他很有成就感。

对话过程中，孩子可能会陷入思考，会有一点点停顿，不要紧。孩子会带着好奇去思考，当他思考出一些东西的时候，你会惊喜地发现他会迸发出巨大的力量。这样的赋能，就是在一点一点的日常生活中积累起来的。不知不觉间，孩子就会变得不一样，魔法就此产生。

24

通过引导培养孩子领导能力

当孩子成功做到了一件事情，我们要如何趁着孩子喜悦时，带他再多走一步，去挖掘更多的经验，把这些经验上升为原则，让他以后做得更好呢？

有一天晚上我们出去散步，然后又在隔壁的小区玩儿。女儿那天似乎玩得特别开心，只见她领着一群孩子跑来跑去，开心得不得了。

在回来的路上女儿特别兴奋，她跟我说："妈妈你知道吗？我当上了小队长，带着他们玩得特别开心。"

"哇，你还当上了小队长？这个小队长是大家推举的，还是自己封的？"我很好奇。

"是我让自己当个小队长，我还给他们每个人都安排了职位，大家都玩得特别开心。"

"看起来你把大家领导得很好啊！我特别好奇，你做了什么，让大家都玩得特别开心，还让大家接受你的领导？"

"首先，我很开放，只要谁愿意来，我都让他玩。不像有的小朋友会拒绝别人来玩，他不喜欢别人就把有些小朋友推开，不让人家一起玩，这样人家就不开心了。还有玩的过程中，如果别的小朋友有矛盾，我会去协调一下，如果他们关系变好一些了，我就会给他们奖励。比如今天有两个小朋友闹矛盾了，互相不喜欢对方。我就告诉他们，如果他们两个到时候一起玩得很开心，关系又变好了，我把魔力棒奖给他们。他们听了以后，又变成好朋友了。"

其实，所谓的魔力棒，就是她从家里拿过去的一根棍子。她起了个酷炫的名字，魔力棒。

"还有呢？"我继续启发她。

"还有就是他们每个人有不同的想法，我会去倾听他们的想法。如果觉得不错，我就会把这个想法变成新的玩法，所以他们觉得很受重视。"

"嗯，还有呢？"

……

就这样，我们一路说，一直说到家门口。我还觉得意犹未尽，女儿也是。

到了家里，我突然灵机一动，跟她说："宝贝，我需要给弟弟洗澡，你看这样行不行？等会儿妈妈把喜马拉雅上的录音功能开起来，你再把刚才所说的东西总结一下，你想怎么说就怎么说。你的经验太宝贵了，如果能够记录下来，那就太好了。"

女儿兴奋地说："好呀，好呀！"

于是，她在书房里边关着门，自己拿着手机，对着喜马拉雅APP，像个演说家一样慷慨陈词，越说越开心，还不断有笑声传出来。

我能感觉到这是她最为放松、开心和有成就感的一次表达，而且这也是第一次，在我完全没有干预的情况下，她自己在那里说了半个小时。

最后我惊讶地发现，那一次录音，是她有史以来听众最多的一次。

我相信，因为有了这些成功的小体验，领导力的小种子已经在她的心中悄悄萌芽。等到将来某一天，她有所成就的时候，不知道她是否会回想起这么一个夜晚呢?

当孩子取得一些成功的小经验时,要及时通过提问帮助孩子,让他知道关键点在哪里。这样,以后她就会更加自觉地运用这些关键的要素,帮自己取得更大的成功。

父母的作用是抓住一切合适的机会,把这些成功的经验转化为一个个原则,并且在他的心里种下一颗颗种子,总有某颗种子会在合适的机会生根发芽,并让孩子将来成长为参天大树。

25

让孩子当小老师增强学习力

001

连着放了三天假，女儿过得好不惬意。

必做的作业已经在放假的头一天晚上全部做完了。在放假的三天里，女儿去了两趟公园，又是捉蚂蚱又是捉蜗牛，还把几只蜗牛捉回家在那里细心地养着，给它们吃菜叶，还用枯叶给他们在鹅卵石上铺了一个小家。女儿坐在那里，观察蜗牛如何缓慢地爬行。

自己还做了好几个创意的小工艺品，看了一大堆书，听我讲了一堆故事，画了好几张很有意思的画。

眼看着第二天就要上学了，傍晚的时候，我问女儿："你最近上学怎么样？比如数学，你看老师交代你们再把数学书全部翻看一下，回忆一下，你要不要再做一下？"

女儿拿起书"嗖嗖"地翻了几下，一下就翻完了，她说："好像也没什么难的，都会了。"

我灵机一动跟她提议道："要不，你就假装我们是没有上学的小朋友，你是老师，现在由你来给我们讲一下这前面的 34 页，好吗？"

同时我把我的手机打开，让她用喜马拉雅 APP 录音。

每次女儿画完画，她都会围绕着这幅画讲个故事。暑假的时候，我把这些都录下来，以后还能拥有一些珍贵的声音记忆。

另外，如果有更多的人来听，其实也会给孩子创造很大的价值，会给她建立强大的自信心。

女儿极其喜欢表达，而且也很善于表达，这样一个方式，其实也是给她一个表达的机会。

女儿开始拿着我的手机录起音来，她滔滔不绝地说道："所谓加法，就是一个加数加上一个加数等于一个和。所谓减法，就是一个被减数减去一个减数等于差……比如家里有两个苹果，妈妈又去买回来四个苹果，一共就有六个苹果。"

这时，我举起手："小童老师，我可以提问吗？"

"当然可以！"她笑眯眯地说道。

"小童老师，可不可以三个苹果，加上两把凳子，等于五个呢？"

她顿了半秒钟，回答说，"当然可以。每一个苹果相当于一，每一把凳子也相当于一，所以一共加起来就是五，对吧？"

我趁机给她讲授一个知识："你看，每一个苹果或者每一把凳子最后都抽象成了一个数字，这个数字就代表了这个物品。有一个词叫映射，就是把一个东西等价于另外一个东西。比如你在班里的学号是40号，所以从学生管理系统来讲，在你们班级这个小系统里，这个学号就代表了你，你就是40号。你一个活生生的小朋友，就被抽象成了一个代码。"

女儿听得特别认真，她也不时地加进几句自己的理解。

我又继续说："宝贝儿，你想当科学家、生物学家或物理学家，这些梦想都非常好，不过你要记住，数学、英语和语文这些东西是基础。比如数学，科学家要做大量的实证研究，这背后就有很多的数据，需要有很多的抽象思考和计算。如果数学基础没有打牢，那么你作为科学家去研究的时候就会非常困难。那样你就只能像哲学家一样，只能在脑海中构思，却不能做科学的研究。"

女儿听了这些，点头称是，并且还继续和我交流了很多，我们才完成了这段录音，两个人交流得非常开心。

002

其实，教是最好的学。

厉害如阳明大师，一介书生，手无缚鸡之力，却去领兵打仗，几乎每次都打胜仗。

据说这和他之前经常讲学有关，他曾经长年累月地给学生讲课，相当于把自己所学的东西在头脑中演练了千百回，这其实也相当于一种想象练习。

实践下来，这种跟实际的练习效果相差无几，甚至更好。

而自己假装是学生，孩子假装是老师，让她把自己所学过的东西给我们讲一遍。

相当于给她创造一个机会，尝试一下自己当老师，然后把自己所学的东西全部在脑子里过一遍，同时把它讲出来。

这其实就是把"教是最好的学"活学活用。

在这个过程中，我也可以和孩子有更多的交流，趁机把这背后深层次的一些概念原理告诉孩子，让孩子有更深的记忆，比如在这个过程中我谈到的抽象和映射。

孩子不一定完全听得懂，但是不用担心，说得多了，孩子就能一点一点地理解。

还有，在孩子的学习和成长中，定期让孩子做一些复盘，可以帮助孩子更好地复习所学的内容，把基础打得更牢。

让孩子说的过程，其实也是一个表达的过程，可以锻炼她的口语表达能力，也提高她的自信心。

尤其是父母围在她身边，让她来讲，这本身就是一种赋能和陪伴。

在这样一个科技发达的时代，有那么多 APP 分享软件，能够把声音传达给更多的人，也是一种对个人品牌的建设。

其实每个人都像作家一样，期待自己的声音被他人听到，孩子更是如此。

第六章

教练式育儿法
让父母更省心

26

愿景能激发孩子的内在动力

在这个世界上，我相信所有父母都望子成龙，望女成凤，希望孩子有一个美好的未来，希望孩子将来能有出息。所以很多父母会花费大量的时间、精力和财力，努力让孩子从小就在各方面争取优秀的成绩，培养孩子的竞争力。

这里有一个问题，就是如何激发孩子的内在动力，让他努力在将来变成一个很厉害的人？

在我的育儿实践中，我常常会从具体的小事情上，通过提问，让孩子去思考，让她看到更大的愿景，从而激发她内在的动力。

女儿刚上小学，我们都在和她一起努力熟悉和适应小学的生活，所以学校里每出现一个新做法，我们也都会非常好奇。

不过女儿似乎比我们适应得更快，她很享受学校游戏化的学习方式，非常喜欢上学。

有一天晚饭后，我们出去散步，在回来的路上女儿兴奋地跟我讲："妈妈你知道吗？我今天得了五个章。"

"什么章？"

女儿告诉我："在我们学校，对于表现好的学生，老师会给我们盖各种不同的章，比如小博士章就是在组词的时候，我说了一个非常深刻的词或者成语，老师就会夸我很有学问，再给我盖个小博士章。再比如，我的课前准备做得特别好，老师就会给我一个小松鼠章。"

集齐十个章，就可以获得一封表扬信。集满五封表扬信，就可以得到一张大奖状。集满五张大奖状，学期末的时候就可以得到奖励的礼物。

我觉得这种游戏化的教学方式还挺好的，女儿也非常喜欢。可是同时，我又担心孩子会不会为了得到章，而忘记了更重要的事情。

于是，我又教练附体，运用核心价值训练的方法，帮助女儿看到这背后更大的价值以及老师真正的期待。我想让女儿明白获得这些章或者奖状，只是一个个小的目标，真正重要的是背后的目的，如此才不会本末倒置。

我问她："宝贝，你觉得老师让你们得章的意图是什么？"

"老师是为了让我们学习的时候更加专心，更加认真。"

"那如果你们更加专心更加认真了，老师希望你们从中能够得到什么？"

"嗯，这样我们就能够掌握知识，学习成绩就能变好了。"

"宝贝，掌握知识，把成绩搞好，比这更重要的还有什么？"

女儿有点卡壳了。

我再一次问她："你再想想，你觉得比获取知识更重要的还有什么呢？"

"我知道啦！要养成良好的学习习惯，更好地适应学校生活！"

"还有呢？"我鼓励她继续思考。

"要去掌握学习的方法，就像阳明大师格竹那样。要学会思考，这样碰到新的问题自己也能够解决。还要去总结规律。"

"还有呢？"女儿正好说出来我想说的，不过我想鼓励她继续说下去，看看她有没有什么别的发现。

"还要和别的同学搞好关系，大家相互帮助，这样才能共同进步，自己的心情也会更好。"

"还有呢？"我穷追不舍。

"妈妈，我想不出来了。"

"不要紧，你前面已经想出了那么多，真的超级棒！"我不禁赞叹道，"如果你在这个过程中没有得到章，或者得到章又被老师拿回去了，你可能获得什么？"

"我知道了，就是要有面对困难的勇气。而且自己犯错了，要马上反思复盘，这样就可以吸取经验教训，更好地成长。"说完这些，女儿特别兴奋。

"那宝贝，如果老师的期待你都实现了，那个时候你会有什么样的感受？"

"我会觉得特别高兴，特别自豪，特别喜悦！"

"假如你一直带着这种状态到了大学毕业，那个时候父母也被邀请去参加你的毕业典礼，你觉得那是一个什么样的画面呢？"

"那个时候我可能会成为一个优秀的毕业生，会被邀请去参加分享，上台领奖。爸爸妈妈在台下看着我，脸上露出了笑容，特别开心。如果那个时候老师请我讲话，我会说感谢我的爸爸妈妈。"

我也忍不住哈哈大笑起来："那个时候，你已经成为一个什么样的人？和现在的你有什么不同？"

"一个很厉害的人，一个会思考的人，一个很会学习的人，一个很有成就感的人，一个会帮助他人的人，一个很幸福的人！那个时候我会特别骄傲，很可能会变成一个站在讲台上、舞台上给大家演讲的人。我站在舞台的中央，有很多话筒对着我，灯光也对着我。那个时候我已经变得特别自信，因为我掌握了很多知识和学习的方法。"

女儿说了一堆，我都颇为认可。

"那如果回到现在，你会去做些什么？"

"妈妈，我决定我每天要得到两个章！"

"两个章会不会有点多？一个章行吗？"

"不行，我要一天得两个章，如果有哪一天只得了一个，也没有关系。"

从此以后，女儿每天上课之前会积极准备，上课的时候非常专心，碰到自己不会的问题或者知道答案的问题，都会努力去举手提问或者回答。

每次我帮她辅导功课的时候，都会带着她去研究出题老师背后的意图，让她去总结规律，她都非常投入，因为她看到了更大的愿景。

后来，孩子得了很多的章，以至于一个页面都装不下，也换了奖状。最重要的是她越来越喜欢学校，越来越适应学校的生活，并且渐渐掌握了思考的方法，变得更加自主，更有学习的动力。因为她知道想要实现自己梦中的那个未来，现在就必须好好努力。

永澄老师有一个金山理论："你想要的未来就像远方的金山，当你清晰地看到了远方的金山，你就会有勇气、信心、能力和动力，去跨越眼前的种种障碍。"

当一个人能够站在更高的维度，从更大的格局上考虑问题，他就会有勇气突破眼前种种的限制，做起事来会更加有动力。如果孩子从小就有这样的觉悟，他怎么会没有学习的动力呢？

父母要认真倾听孩子的烦恼

有时候，孩子在参加一些比赛或者活动之前，会有胆怯或者焦虑的情绪。当孩子向你表达他的心情，你应该如何回应他，如何帮他排解这种负面情绪呢？

有一天早上，女儿在吃早餐的时候，突然想起了什么，愁眉苦脸地跟我讲："妈妈，我要告诉你一件事情，今天学校要举行广播体操比赛，每个班都要参加，我很担心。"

我问她："宝贝，你具体担心的是什么？"

她说："我担心裁判，他们是高年级的体育老师，他们太严厉了，我做得不好怎么办？我会不会变成最差的？"

我说："怎么了，你能跟我说说具体情况吗？"

女儿回答："我们班才一起练习过一次，我都还不熟。"

"嗯，那你觉得老师的期待或者意图是什么？我觉得，老师只是希望你们一年级新生体验一下比赛的过程，而不是说让你们去做第一名，对吧？那些高年级的大哥哥、大姐姐做操做了那么久，肯定比你们做得熟练啊！而你们这些刚入学的孩子肯定还不熟，要想比大哥哥、大姐姐们做得更好，现在还有点难，对吧？"

女儿听了，似乎还没有解除心中的担忧。

上学的时间到了，于是我们边走边说。

出了楼里的电梯，我问女儿："宝贝，那这次比赛，你心里想要的是什么？"

她告诉我："我想要的只是在自己班里不要排到最后十名，能达到平均水平就可以了，班里一共有 47 名学生。"

我问她："那假如你们班里的平均水平是十分，那你现在的水平可以达到几分？"

她想了一下，突然好像觉察到了什么，微微一笑，开口道："我好像跟他们的水平差不多，没什么差距。"

此时，我明显感觉到她如释重负，我心里的一块石头也落了地。

我赶紧鼓励她："那很好啊，你能做的就是放松心情，做好你自己就可以了。"

"是啊！"女儿似乎有些小开心。

我进一步解释道："你看，假如满分是十分，有的人平时的水平是九分，但是他因为担心，消耗了两分的注意力，最后只达到了七分的表演水平。而有的人平时最好的水平也就八分，但他在比赛的过程中充分享受，最后取得了八分，结果，反倒有可能是那个八分水平的人取得了胜利。"

见女儿在认真听，我继续说道："曾经有一个业余的交响乐团，有一次他们要去参加一次比赛，在比赛之前他们特别紧张，紧张得都不能排练了。他们的指导老师及时开导了他们。老师说：'你们只要在表演的过程中集中全部的注意力，全身心投入进去，享受这个过程就行了，先不用去管比赛的结果。'比赛时，他们完全投入进去，观众也听得如痴如醉，最后他们竟然拿到了第一名。原本别的参赛队伍，有些是远超过他们水平的，却因为心态问题，与冠军失之交臂。"

"是呀，妈妈，有时候我在家里听历史、画画或者自己做创意手工的时候，也会进入专注状态。那个时候就会很享受，你们叫我吃饭、睡觉，我都不想走出来。"

说到这里，女儿都笑了。我们正好也到了校门口，她就一把抢过沉重的书包，欢呼雀跃地奔向了教室。

到了晚上，我问她："宝贝儿，今天的体操比赛怎么样？"

她若无其事地说："比赛改期，改到明天了。"

到了第二天晚上，我一回家见到她，她就冲上来，非常轻松地跟我说："妈妈，我们今天已经举行了体操比赛。我觉得我今天做得挺好的，比平均水平还好。"

"哇，你好棒啊！"我赶紧赞叹道。

她好不得意，脸上露出了笑容。

当孩子感到焦虑、发愁的时候，父母先要了解他到底在焦虑什么，然后问他，他想要什么样的结果。再问他，他想要的和他现有的状态之间，最大的不同是什么？这样就能迅速帮助他分析和找出差距。接下来再问他具体要采取的措施或者行动，怎么补上差距。

焦虑的本质是事情很重要，但是自身的能力或者资源不足。所以要弄清楚，在这件事情上自己想要达到的目标或者标准是什么，再去和现状比较，找出差距，再去想办法弥补这种差距。发现其实并没有太大的差距，那就更加不用担心了。

28

很多事情不止一个解决方法

不知道家长们有没有碰到过这种情况：你觉得某一件事情对孩子来说非常重要，于是提醒他去做这件事情，但是他却不为所动。当你企图利用家长的权威去命令他必须赶紧完成时，他要么抗拒，要么就违心地答应，在那里磨蹭。

有没有思考过，除了这个方法，还有其他更好的方法或者选择？

女儿最近在换牙，以前干净整齐的牙齿，现在却长得歪歪扭扭。更糟糕的是，有时候刷牙会有点疼，甚至会牙龈出血。所以她越来越嫌弃刷牙，觉得刷牙太麻烦、太痛苦了。

有一天早上，我去叫她起床，提醒她等会儿起来了，赶紧去刷牙洗脸。本来她的心情还好好的，正准备起来，一听说要去刷牙，她就变得非常抗拒，马上又缩回被窝里了。

她激动地抗议道："为什么早上起来第一件事就是刷牙？我不想刷牙。"说完，她继续赖在床上不肯起来。

好说歹说，她也不为所动。我一看，再这样下去时间来不及，要迟到了。

我一下子忘记了教练的位置，摆出了家长的权威，严厉地跟她喊道："刷牙是不可以商量的，你没有选择，早上起来必须马上去做！"

一听到我说没有选择，她开始变得有些愤怒。虽然她还是爬起来了，却坐在餐椅上继续和我拉锯。

最后，她的一句话点醒了我。她说："为什么这件事情没有选择、不能商量？我觉得最重要的是要有安全感，你说没有选择让我觉得很没有安全感。我认为，早上起来，可以先刷牙，也可以吃完早餐后再去刷牙。难道早上起来的第一件事就必须是刷牙吗？"

做教练有一段时间了，所以我会很容易进入觉察的状态。即使面对孩子，当我发现自己做错了，我会有勇气马上承认错误，并反思和迅速整合。

于是，我立刻放下自己的情绪，真诚地告诉她："你说的这一点启发了我，你的这个觉察特别好。确实是这样的，很多事情不应该只有一个选择。你说得对，早上起来第一件事不一定是刷牙，吃完饭以后再刷牙，口腔更干净。"

见我认同了她的观点，女儿也马上平静下来。

她说："是啊，应该还有更多的选择。妈妈你也说过，任何事都有三个以上的解决办法。"

我说："是啊，换牙期间，刷牙这件事情对你来说很痛苦。有些事情做起来可能会令人有些痛苦，可又非常重要，一定要去做。而有些重要的事情，做起来却特别有意思。对于后者，你可以慢慢地享受着去做。对于前者，如果你以最快的速度把它完成，这样你痛苦的时间就可以大大缩短。不过，你依然拥有选择何时去做的权利，你自己合理安排好时间就行。"

女儿听了，若有所思。她说："等会儿吃完早饭，我有力气了，就会有勇气去刷牙。"

我摸摸她的脑袋，温柔地说道："好的，妈妈相信你，既然让你选择了，你一定能做到。"

等到吃完早饭，她真的利索地跑去刷牙了。

我忍不住夸奖她："你太棒了，我的女儿是一个说到做到的人！"

她听了很开心，愉快地回应道："是啊，我说了我可以选择早上起来就去刷牙，也可以选择吃完早饭以后刷牙。对我来说，吃完早饭以后刷牙更开心一些，那会让我忘记刷牙的痛苦。"

任何一个问题都有三个以上的解决办法，任何时候人都有选择的自由。即使选择有限，人依然可以选择自己面对它的心态。

这些道理我已经听过很多次，也对女儿讲过很多次，这一次让我对此有了更深刻的领悟。

在孩子成长的过程中，给孩子更多的选择，激发孩子更大的主观能动性，最后你会发现，孩子会变得更加自主、开放且富有合作精神。

29

如何让老人和孩子友好相处？

OO1

曾经，女儿时不时会来跟我抱怨："妈妈，奶奶又唠叨了，她太烦了。"有时候她等不及跟我抱怨，直接就朝奶奶吼回去了。

我其实也颇为苦恼，我知道这样不对，所以经常训斥女儿："不可以这样对奶奶，奶奶为我们操持这个家太不容易了，而且她也是一片苦心。"

可是说归说，这样的情景一再上演，始终没有得到改善。尤其是随着女儿渐渐长大，婆婆和女儿之间的沟通变得越来越困难，这种情况也就愈演愈烈。再这样下去，婆婆要被气回老家去了。

自从女儿出世，公婆就离开老家，跑到上海来为我们带孩子。

公公倒是很适应上海的生活，虽然耳背得厉害，但是依然自学成才，学会了跳交谊舞，还带了很多的学生。

可是婆婆却不太习惯，她一辈子都没出过远门，加上不认识字，普通话也说不来，所以和别人沟通很困难。对她来说，在上海的日子远不如在老家自在。

其实婆婆是一个特别开朗的人，很爱聊天和交朋友。可是来了上海之后，因为沟通困难，婆婆每天能交谈的对象很少。她每天带孩子料理家务，已经很累了，加上连个能聊天的伴儿都没有，所以婆婆之前一直叫嚷着，等女儿大一点她就要回去，她更喜欢老家自由自在的生活。

没想到后来我又怀了儿子，儿子这一出生，婆婆更加走不了了。她就一直和我们住在一起，帮我们带孩子。我和先生两个人都有全职的工作，没有老人帮我们忙，这个家就没法运转起来。

这几年，婆婆的头发越来越白，也越来越少，她为我们这个家操尽了心。我无法想象没有公婆，我们的家会变成什么样子。

孩子年幼的时候，因为爷爷奶奶陪伴他们的时间很多，所以特别依赖爷爷奶奶，跟爷爷奶奶的感情也特别好。

可是等到孩子一点一点地长大，他们懂得越来越多，而奶奶的认知却还在原地踏步。而且，人年纪大了，难免会喜欢唠叨，一句话喜欢重复很多次，越是这样，孩子就越不喜欢跟老人家交流了。

其实爷爷奶奶还是原来的爷爷奶奶，对他们的付出还是一样，一样那么爱孩子。

每当孩子有什么没有做到、做错了，或者磕着碰着，或者不好好吃饭、睡觉，爷爷奶奶就会特别着急。尤其是奶奶会跟在孩子屁股后边不停地叮嘱。

当我和先生都在家的时候，我已经跟孩子沟通了，婆婆还会来重复我们的话，在背后叮嘱。孩子渐渐长大，逆反心理就更加重了。说实话，其实我自己也会有些被困扰，婆婆确实有些太唠叨了。

面对这种情况，我们怎么办呢？

所幸我学习了教练技术中的 3F 倾听，使得这一问题得到了大大的改观。

所谓 3F 倾听，包括三个部分：

第一个 F 是 FACT（事实），即发生了什么？

第二个 F 是 FELLINGS（感受），即对方有什么样的情绪或者感受？

第三个 F 是 FOCUS（关注），即要关注对方的意图是什么？

通常，我们只去看人家表面说的是什么，对方表面的情绪是什么，却没有花时间去思考一下对方的真实意图是什么。尤其是有的人说话比较着急，容易生气，就会让人忘记他的初心和意图是什么。即使是一片好心，由于表达方式不当，也容易招致别人的抗拒。

002

女儿就要从幼儿园毕业时，有个小朋友邀请班里的同学在晚上 7 点到 8 点半一起玩。所以，我们需要晚上 6 点 45 分左右从家里出发，在这之前需要先在家吃完晚饭。

晚上 6 点开始吃饭，但是女儿磨磨蹭蹭，吃了半天也没吃下几口，只是慢悠悠地用牙签挑炒螺蛳吃。

先生反复提醒，甚至提高声调，她也不为所动。我还在收拾东西，没有插话。等我上桌时，看到先生火了，只见他干脆起身拿走女儿面前那盘炒螺蛳，把她最爱吃的红烧肉摆到她跟前，高声命令她快吃。

女儿逆反心理发作，大声辩解："我没有吃得慢，你不要来管我。"

先生教训她不可以大声吵，她竟然顶嘴说："你的声音也很大！"

先生非常生气，却无言以对。

我提醒女儿想一下 3F 倾听，并且承担自己的责任，她没有再吵，开始吃她爱吃的红烧肉。先生也安静了下来。

吃完晚饭，我邀请先生一起陪女儿去。先生还在生气，赌气地说："我不去。"

我始终是以一个观察者的视角看待整件事，所以也不气，还哄先生说："你大人有大量，原谅她吧！"

先生听了，态度也马上软了下来。不过，怕要下雨，他决定带儿子在楼底下散步。

在我陪女儿去聚会活动的路上，我跟女儿说："你看，爸爸其实也像个孩子一样，需要哄，他刚才的意图是希望你不迟到，但你顶嘴，就让他觉得气愤、没面子。"女儿听到就笑了。

活动回来后，我开始给两个宝贝讲故事，先生跑过来对女儿笑着说："明天你要上跆拳道的课，我就不开车送你了，谁让你刚才惹我生气了。"我没有多说什么。

之后，我在次卧陪儿子和女儿玩。婆婆对着女儿说："你看我手上弄破了几个地方，皮都掉下来了。"

我微笑着对女儿说："奶奶的意图是，希望别人关心她。你要不要去拥抱一下奶奶？"

女儿心领神会，马上扑过去抱奶奶，奶奶开心极了。我见势马上鼓励女儿，再抱抱。她果然马上又紧紧地拥抱了婆婆。

婆婆笑得跟朵花儿似的，忍不住赞美："我的孙女太乖了。"

女儿也美滋滋的，拿着小扇子跟奶奶说："天太热，我给奶奶扇风。"奶奶别提有多高兴了。

儿子在一旁也没闲着，不停地要来抱我，表达他对妈妈的爱。

我趁热打铁，抓住这大好机会，对女儿说："之前的事实是爸爸督促你快点吃饭，你却顶嘴，然后他赌气说'明天不开车送你去跆拳道馆上课'。爸爸很生气，有些赌气，感觉很没面子。他希望你知道他很生气，他希望被你理解。既然我们已经知道他的意图了，那么，你应该采取什么行动呢？你要不要跑去他的房间，抱抱他？"

女儿只迟疑了一下，很快就撞开主卧的门，只见她马上扑到爸爸身上，什么都不用说，一抱解前仇，先生立马就喜上眉梢。

我再次笑着鼓励女儿："一次不够，多抱抱！"女儿果然又抱了爸爸两下，我感觉房间里都是幸福的味道了。

如果我没有学 3F 倾听，结果可能会不同。我会悄悄跟女儿解释，爸爸是很爱她的，爸爸总是担心她和弟弟，给她买各种有营养的食物；爸爸催促她是好心，她吃饭确实太慢了……

可见，3F倾听，让我们关注对方的情绪和意图，让同理心可以落地。

003

正是因为学了这个倾听技术，我经常把它运用到生活中，并且变得更加能体察别人的好意。我也经常与女儿交流自己的心得。慢慢地，她也开始尝试用3F倾听。

当然，当孩子还在气头上的时候，肯定是先要感受她的感受，先安慰她，让她稍微平静下来以后，再让她尝试用这个技巧。久而久之，她就会变得越来越懂事。

比如有一次，女儿吃完饭已经放下了碗筷，奶奶又追着她问："你吃饱了吗？再去吃一碗，再去吃一块肉。"

女儿说"不吃了"，就一溜烟地从餐厅跑到客厅去玩儿了。结果，婆婆站在餐厅一角，朝女儿喊："你才吃了一碗，再去吃一点。"婆婆连着说了好几遍。

女儿终于被说烦了，气得朝奶奶喊："不要再说了，太烦啦！"

我走到女儿身边，抱抱她，问："你已经吃完了，吃饱了，对吗？"

"是啊，我已经吃饱了，不想再吃了。"女儿的语气马上缓和了下来。

"你已经说不吃了，奶奶还在那里跟你重复让你再吃一点，这让你觉得很烦对吗？"

"是啊，奶奶太烦了。"女儿马上开始抱怨。

不过，女儿看自己的心情得到了理解，开始安静下来。

我问："宝贝，奶奶的意图是什么呢？"

女儿陷入了思考，几秒钟后，她说道："奶奶怕我饿着，想让我快快长大。"

"那你觉得刚才奶奶的心情是怎么样的？"

"奶奶应该有些着急，有些焦虑吧？"

"那刚才的事实是什么呢？"

"我刚才吃饭确实不满一碗，比平时吃得少点，而且今天的菜不是很好吃，红烧肉有点太咸了。"

"嗯，意识到这些，那你会有什么新的想法吗？"

"我刚才其实可以告诉你或者奶奶，说红烧肉太咸了，下次让奶奶少放一点盐。并且当奶奶再来叫我吃饭的时候，我要再次告诉奶奶，我真的吃不下了，不想吃了。"

"嗯，还有吗？"

"等会儿，要不我去抱抱奶奶，这样她就不会难过了。还有以后如果奶奶做菜做得特别好吃的时候，我就要夸一下她，这样奶奶就会把菜烧得越来越好。"

"哇，太棒啦！我现在陪着你去跟奶奶说一下，并且你再抱抱她好吗？"

女儿答应了。于是我带着女儿到了次卧，找到正在生闷气的婆婆。女儿果然有勇气，跑过去跟婆婆撒了一下娇，然后跟婆婆说："奶奶，下一次能不能少放一点盐？"婆婆得到了理解，也变得温柔起来，家里的气氛马上又缓和下来了。

解决孩子拖延症只需这么做

你有没有碰到这种情况？辛辛苦苦把饭菜做好了，叫孩子来吃饭，孩子却在那里拖拖拉拉，玩玩具、看书，或者在看动画片，或者赖在床上不肯起来。

这个时候你会怎么处理呢？

你会不会向孩子狂轰滥炸，叫他吼他，让他赶紧过来，同时还不停地唠叨自己做饭有多辛苦，埋怨孩子不懂事。但孩子似乎依然不为所动，于是，你干脆拿出家长的权威，气急败坏地给他下最后通牒，命令他马上过来，不可以拖延。要让别人看见了，准会觉得剑拔弩张，一场大战在即。没准会有人揪住孩子的耳朵，给孩子一顿暴打。

孩子拖拉，不会马上回应我们的召唤，有没有什么解决办法？

我认为，孩子沉浸在他当下的状态之中，需要一个缓冲的时间，让他过渡，让他慢慢走出来。

所谓状态，等于信念加上情绪。

比如，我家小宝，他特别喜欢玩具汽车，经常拿着玩具汽车在一切可以滑动的地方来回滑动，只要大人不打扰他，他可以玩很久很久，乐此不疲。又或者他正在听大人讲故事，听得津津有味，恨不得一直听下去。

又比如孩子跟爸爸一起看赶海的视频，这种视频是一小段一小段的，孩子们每次都看得特别开心。视频讲述的是到海边去捉各种海蟹、大虾、贝壳等，回来以后把这些海鲜拿去煮，再大快朵颐一番。既有趣又让人看着垂涎三尺，每次孩子们都看得特别投入。

如果这时候我贸然去叫他，就像逼迫他硬着陆一样，硬生生地把孩子直接拉出来，其实就是没有顾及他的情绪。

我的做法是，给孩子更多的选择和过渡的时间。把这两者结合起来，通常会有非常好的效果。

比如我会说："宝宝，你是想看完这本书再吃饭，还是马上来吃饭？"他通常会选择："看完这本书就来吃饭。"

又比如，我会问："宝宝，你是想再玩两分钟汽车，还是三分钟呢？"孩子很有可能说："三分钟。"

通常，这样去问孩子的时候，我会蹲在他的身边，或者半倚着身子，用跟他一样的高度温柔地对孩子说话，而不是大声地吼。

得到孩子的回应之后，我就会走开，先去做我自己的事情，我相信孩子会信守承诺。

等时间到了，我再走过去，温柔地提醒他们。有了前面这段过渡时间，孩子一般都会履行自己的承诺，纵然对之前所做的事情非常喜欢，他依然会放下来。

渐渐地，孩子们也耳濡目染，开始熟悉起我的套路。并且他们也会活学活用，把这些套路用到大人身上。

比如，周日的下午，我通常都会午睡一两个小时，养精蓄锐，精神饱满地迎接下一个星期的到来。

有一次，婆婆做好了晚饭，她远远地在厨房吩咐儿子来叫我一起吃饭。婆婆的嗓门大，其实我已经听到了她的叫喊，可是我感觉还没睡够，赖在床上，就是不想起来。

没过几秒钟，就听到儿子"噔噔噔"地朝我的卧室走来。他开门，走进我的房间，再走到我身边，俯在我身边，轻轻地对我说："妈妈，你再睡五分钟，五分钟够吗？五分钟以后你就来吃饭好吗？"

那是三岁半的儿子第一次运用这样的套路，我非常惊喜，同时内心感到无比的轻松舒坦，觉得孩子特别理解我，感觉特别幸福。能被人允许再睡五分钟，实在是太美妙的一件事情了。

五分钟以后，我慢慢爬起来，穿好衣服，走到餐厅。儿子甜甜地对我说："妈妈你起来啦，来吃晚餐吧。"我当时想天下最幸福的事情，最温馨的场景也不过如此了。谁说儿子不能是我的贴心小棉袄呢？

你想不想尝试这样的美妙？那么先从我们自己做起，给孩子更多的选择，给孩子一个缓冲的时间吧，相信孩子也会给你同样的惊喜！

第七章

教练式育儿法让孩子走向成功

31

孩子学会思考胜过盲目勤奋

001

《写出我心》这本书的作者娜塔莉·戈德堡说："就像从事任何运动一样，为了让写作进步，你就得勤加练习，不过不要只是盲目地定期练习。"

她还说："别光是把时间写满为止，这样不够，你必须非常尽力，当你坐下写作的时候，要把生命放进字里行间，不然你只不过是机械性地推着笔在纸上走，并且不时地看一下，时间到了没有。"

学习也是如此，孩子写作业更是这样。

比如我的女儿，她是一个特别认真的孩子，每天老师交代的作业她都会要求自己认真完成。

有一次，都已经到晚上 10 点半了，她本来躺在床上要睡觉了。突然她意识到有一个地方，自己没有按照老师的要求全部做到位，于是马上起来说："我要把那个东西再认真地完成一遍。"我心疼她，怕她休息不够，就说："算了吧，无所谓的。"结果她坚决不肯，最后我拗不过她，还是让她起来把作业全部认真地写了一遍。她就是这样一个特别认真，也特别好学的孩子。

一天晚上，我辅导她写数学作业。那几道数学题都是数方块做加减，方块共有黑白两种颜色。

刚开始做那道题的时候，女儿非常认真，一个一个地数那些方块，挺费眼神的，所以做得也有点慢。

我叫她停下来，对她说："等一等，你先看看这几道题，它们之间有什么不同和相同之处，有什么规律吗？磨刀不误砍柴工，你先观察一下，思考一下。"

女儿停下了手中的笔，开始琢磨起来。

在我的启发下，她居然总结出了四五条规律。比如，每道题的和都是相等的，都是十。并且，每一道题的前一个加数和后一个加数都在分别递增和递减。

总结出这些规律之后，她喜出望外。她终于明白出题老师的目的是为了让他们学会十以内的加减法，她再也不需要努力地睁大双眼，费力地去数那些非白即黑的方块了。把握了这个规律，这道大题她很快就全部做完了。

看她喜滋滋的，我进一步点拨她："做题的时候，尤其是数学题，要舍得花时间先去思考出题老师的目的是什么，到底有什么样的规律，不同题目之间的相同点、不同点在哪里。当我们把这些题当作一个系统，明白这个系统之中有哪些元素，弄清楚这些元素的关系、结构以及变化规律的时候，那么我们就能对这个系统的属性了然于胸。我们不仅是做了这道题，而且从总体上把握了出题人的意图，以后遇到类似的题目，也就能做到触类旁通了。"

女儿顿悟，从此以后，她更爱做数学题了，而且做数学题的速度也大大提高了。

002

有一道数学题，其中一个筐里有八个方块，另外一个框里有两个方块。题目是让孩子自己列式，看能列出多少条算式。比如10-

2=8，10-8=2，2+8=10，8+2=10……

刚开始女儿做的时候，有一点疑惑。我问她："宝贝儿，如果把这道题看作一个系统，你觉得它有几个元素呢？"

她立刻明白了我的意思："如果把它们当作不同的系统，其中一个系统里有八个元素，另外一个系统里有两个元素。如果跳出这两个小的系统，把它们当作一个整体的系统，一共有十个元素！"

于是，女儿很快就高高兴兴地把那道题做完了。并且通过这道题，她从中领悟到了系统思维。

其实在那以前，我曾经给年幼的女儿提过系统思维，但是她可能并不能真正地领悟。但通过做这样一道极其简单的数学题，她对系统思维有了更深的理解。从此以后，她也获得了一种解题的思路，做题的速度大大加快了。

其实，不光是写作业，如果我们也能够在自己平时的工作和生活当中集中注意力，全身心地投入，努力思考，并且跳出系统去找关键元素以及关键元素之间的关系和结构，高屋建瓴，总结规律，我们就可以把握全局，通盘考虑。这样我们才能做到势如破竹，真正大幅度地提高单位时间的效率，取得事半功倍的效果。

如果我们只是机械地坐在那里，把时间填满，以为自己很努力、很勤快。但事实上，你像一只老黄牛，做的只是一种低水平的勤奋。

我们不要因为生命短暂而节约思考的时间。要善于总结规律，总结经验教训。这看似在花费时间，实际却可以帮助我们在今后的工作、学习和生活中，节省出更多的时间，走得更好、更稳、更快。

在教练技术当中，作为一个好的教练，我们需要提出精准的提问，吸引客户的注意力。如何精准地提问？其中有一个关键的点，那就是要给客户创造一个安全的领域，并从系统的角度，去整合客户所说的这些关键元素之间，会有什么样的关系和结构。

我发现，当我把这些问题抛给客户，让他们做出回答的时候，客户通常会恍然大悟，有许多不一样的发现。

事实上，当客户不断地思考并回答的时候，他的内心会不断地整合，自己的困惑也就迎刃而解了，对自我也有了全新的认识。

辅导孩子的功课也是如此，试图去做一些思考，陪着孩子一起去琢磨这些题，可能会有什么样的规律，题与题之间会有怎样的关联。

你还可以尝试读一些有关系统思维方面的书，比如《复杂》和《系统之美》。然后你再不断地做刻意练习，那么孩子和你也就有了这种跳出系统看全局的思维能力，孩子的思考水平也就自然而然地提高了。

孩子学习的目的，不仅仅是学习书本知识，更重要的是培养、锻炼思维能力。毕竟社会变化那么大，我们真正要的是超强的思维能力和灵活处理各种问题的能力，而不是死记硬背。

32

孩子有能力做出明智的选择

001

有没有发现，有时候你希望孩子去做某一件事情，哪怕你说破了喉咙，他也不为所动。比如孩子生病了，明明难受得要命，就是不肯吃药打针。

那么，有没有什么好的办法说服孩子呢？

可能我从小在农村长大，所以没有把孩子养得多精细，自己也觉得从小让孩子多接触大自然，痛痛快快地玩，回来洗干净就好了。

所以，女儿成天在外面玩儿，泥巴、昆虫、树叶……都喜欢。有一回，她竟然假装自己是个原始人，用双手在大树下刨土玩，我见她刨得实在太开心、太投入，没舍得打断她，只提醒她注意指甲。

有一个星期天，女儿和先生、公婆去爬山，我在家有事儿。他们早上九点半出门，才到中午就回来了。原来是孩子在外面上吐下泻，先生赶紧把他们拉回来了。

这孩子昨天精神状态还很好，怎么一下子就病了？

回来的路上，先生和婆婆不止一次地跟孩子说："回家赶紧吃点药。"都被她严词拒绝了。

婆婆有一个偏方，孩子们每次拉肚子或者呕吐，吃了都特别管用。就是把鸡胗的皮，在火上烤焦了，弄碎了给孩子吞服下去。可是女儿非常抗拒这个偏方，因为她觉得太苦了。

先生想给她喂西药，也被她一口拒绝了，还是因为怕苦。

一进门，她就盖着小毯子躺在沙发上，一边委屈地流眼泪，一边拒绝别人给她喂药。

002

我走到沙发边，蹲在她的旁边，摸摸她的头，轻轻地问她："宝贝儿，你一定很难受。妈妈把你抱到床上去，让你睡得舒服一点。"她乖乖地答应了。

她说有点饿，然后我又跑到厨房去，给她熬白粥。

我不时回房间看看女儿，她依然不舒服。我问她要不要吃药，吃了药就可以好得快一点，她依然不答应。

等到粥熬好了，我就盛了一碗，一勺一勺地喂给她喝。她确实饿了，一碗粥很快就喝完了，可是没过一会儿，她又开始难受，吐了。

这个时候我轻声跟她说："宝贝，如果你不吃药，明天很有可能就好不了。那么，你就不能上学。你还跟妈妈讲过，你特别喜欢你的学校。下周一你去学校的时候，就可以拿到一封表扬信了。而且你之前还说，你要努力每天获得两个章，这样你就能够换取更多的表扬信和奖状了。你愿意明天继续生病而去不了学校吗？"

女儿摇了摇头。我知道她在小学适应得很好，她很喜欢去学校。如果去不了，她肯定接受不了。

见她听得进去，我继续跟她说："你还记得那句话吗？'天将降大任于斯人也，必先苦其心志，劳其筋骨，饿其体肤，空乏其身，行拂乱其所为。'你现在又拉又吐，身体不舒服，就是在经历一些磨难和辛苦。如果你现在选择付出一点点代价，吃下去这些苦的药，说不定明天早上你就很幸运地恢复了，就能去上学，拿到更多的章和表扬信，那个时候你该有多开心啊！如果你继续因为害怕苦而拒绝吃药，那么你明天十有八九就只能躺在家里了，那是你想要的吗？妈妈不替你做选择，你已经七岁了，自己来做选择，好吗？不管你做什么选择，妈妈都接受。"

等我说完了，女儿思考了一会儿，没有吭声。但是很快，她一边流着泪，一边告诉我："妈妈，我吃药吧。可是吃完了，你一定要记得给我吃块糖，好吗？"

"当然可以，亲爱的宝宝，你真的是一个很勇敢的人！"我温柔地摸摸她的头，而她也对我报以微笑。

于是，婆婆赶紧去给女儿烤了一点鸡胗皮，弄碎了再配上温水。女儿二话不说，硬着头皮把它吃下去了，我马上递给她剥好的牛奶糖。后来，先生又给她喂了一片吗丁啉，她也乖乖地吞下去了。

003

吃了药，她好了一点，不过依然不太舒服，也不肯睡，我就陪在床边，给她讲一些好听的故事，让她暂时转移注意力。

同时，我还告诉她："如果你现在有积极的心态，告诉自己今天就会好，那么你的心就会告诉你的身体，让其他器官积极运作起来，明天可能真的就好了。"说到这里，女儿笑了，放松了很多。

就这样，在她的主动配合和我们的照顾下，她当天晚上继续喝了粥，吃了药，早早地睡下了。

到了第二天早上，我到她床前问她："好了吗？可以上学了吗？"

她很肯定地告诉我："妈妈，我可以上学了，我基本都好了。"然后就爬起来上学去了。

放学回家的时候，她已经完全康复了，那天她又得到了三个奖章，还拿到了她想要的表扬信。

我的这一套方法之所以管用，女儿愿意听我的，是因为她真的很喜欢学校。而她之所以这么喜欢学校，一方面是因为在我的言传身教之下，她养成了好学的习惯；另一方面是因为学校有趣的游戏化教学方式，还有老师对孩子的认可和鼓励。

当孩子面临一个困难的时候，我们要做的就是告诉他，各种选项可能造成的后果以及可能带来的收益。他明确并理解这些后，再把选择权交给他。我们所要做的，就是尊重孩子的选择。

放心，孩子有能力做出明智的选择。

33

不上培训班是一种挫折锻炼

一天，刚上一年级的女儿跟我抱怨："妈妈，我的同桌什么都会，他好厉害，为什么我那么多都不会？"

我问她："是不是同学在上小学之前报了培训班？在小学开学前已经把那些拼音、加减法学过了，所以他现在很轻松，什么都会了？"

女儿说："是的，同学告诉过我在小学开学之前，他的爸爸妈妈就给他报了很多培训班。现在上课讲的东西，他都学过了，所以一点都不难。"

我问女儿："现在上小学，是可以在暑假里提前打基础。你说想成为科学家，那么，等将来成为科学家做研究的时候，你能提前把项目先做一遍，再跟人家竞争吗？不可能。好多东西，尤其是当科学家，很多事情都需要开创性，如果你不具备学习能力，没办法走得更远。"

即使上小学能提前学一些东西，等到上初中、上高中和上大学，还能在别人之前先学一些东西吗？等到将来到了社会，所有事情都能让你提前预演一遍吗？不可能。好多事情，都要看一个人的应变能力、决策能力。

如果能从小就经受这样的历练甚至挫折，从一开始就慢慢学着去攻克它，掌握它，反倒是一种极好的锻炼。

站在教练的角度来看，我们要清楚，你想要的是什么。用更长远的目光，更大的格局去看，你真正想要的是什么。

如果要成为那样的人，你真正需要具备什么素质，什么能力？

现在的社会节奏如此之快，知识更新的速度如此迅速，刚刚在大学里学的东西，出社会之后发现都派不上用场，很多东西已经过时了。

如果只是提前储备一堆知识，而没有掌握思维的能力，没有应付挫折的心智水平，也没有一颗开放的心，不懂得与他人合作交流，更没有撬动更大资源的能力，如何能走得更高、更远？

所以我告诉女儿："妈妈没有给你报这些培训班，好让你提前去掌握拼音或者其他的知识，是有很多原因的。"

首先，恰恰好的挫折对于成长是最好的，所以我也是想借这样的机会，给她创造一次恰恰好的受挫机会。

女儿在幼儿园，基本没有学到什么知识。到了小学，突然之间要学拼音、汉字。她连字都还不认识，却要做一堆英语、数学题，每天都有那么多作业，这对她来说，就是一个适应环境的全新挑战。

女儿能否快速地适应一个新的环境？碰到不懂的，能不能听懂、领悟、学会，并且总结一些规律？

此外，我也知道其他孩子很可能已经在暑假参加了一些培训班，提前学习了一些课程。这样，相对来说，他们就不会感到太吃力。

女儿一方面要面临学习新知识的压力，另外一方面要面临很多同学领先于自己的压力。

在这样的双重压力下，她能否镇定下来，努力学习，依靠父母和老师的帮助，迎头赶上，迅速适应学校的生活？这本身就是一个挑战，也是一个极好的锻炼机会。

如果她成功跨越了这道坎，将为她的人生积累一个成功的经历。

所以，让女儿犯错，让她经受必要的挫折，这将成为她人生经历中一笔宝贵的财富，我不愿意剥夺这样的机会。

其次，现在社会知识更新换代的速度那么快，节奏之快已经大大超过了我小时候。

成长最重要的是尽可能地掌握关键的概念和思维模型，努力提高自己的认知水平，同时不断地积累成果，提升自己调动资源的水平。这意味着，要去琢磨和掌握学习的能力。

上小学就是一个好的机会，让孩子从简单的地方开始，去研究并掌握学习的正确姿势是什么，去研究其中的关键概念和规律，并且要稳扎稳打，每天刻苦练习，把学习到的知识内化到自己的思维之中。

所以我跟女儿说："妈妈不需要你去跟别人比个高下，你只需要跟自己去比较，每日都有所长进就好。"

学到新的知识时，我们要努力琢磨它的关键点在哪里，它有什么样的规律。我们要更加自律，思考每日的学习，如何才能做得更加有效率，如何合理地安排好自己的时间。

在这个过程中，我和女儿都会一天天地成长，所以不用担心。不上培训班是一种挫折锻炼，能让女儿的学习能力变得更强。

现在，女儿已经渐渐掌握了那些学习的方法，我的良苦用心总算没有白费。

34

父母应该更加关注亲子时间

享受闲暇，享受无用之美。

在生活中，我观察到有一类父母，总是急匆匆地推着孩子、催促孩子，快点做这个，快点做那个。孩子却像蜗牛一样，始终慢悠悠地，父母因此而恼怒和无奈。

我认为，这样对孩子的成长并没有什么好处。

我通常都会以欣赏和允许的心态去陪伴孩子，在保证孩子安全且不影响旁人的前提下，孩子高兴就好。我相信，每一次的探索对孩子的成长来说都是一种财富。

有一次去公园里散步的时候，三岁半的儿子看到路边有根棍子，他拾起那根棍子，想插到泥土中。虽然插了半天也插不进去，他还是乐此不疲。

我没有责骂他，而是蹲下来，跟他一起研究，到底这个棍子怎么插，更容易插进去。最后我们终于找了一条缝，真的把它插进去了。

忽然，我灵机一动，我跟孩子说："我们来种棵树吧！"说着，我就捡起一片落叶，插到棍子上面。儿子笑了，他特别开心，也如法炮制，从旁边捡起树叶，试图插到那根棍子上去。

可他没有找到窍门，试了半天，都没有成功，他一下子就把叶子撕烂了。

"我们有一本书不是叫皮特猫吗？皮特猫会哭吗？"

"不哭！"儿子响亮地回答道。

"你真棒！"我又递给他一片叶子，他开始认真地尝试起来，这次他成功了。

接下来的半个小时，我就专门在边上帮他搜集各种各样的叶子，他也不停地把叶子插到棍子上，速度越来越快。

最后，他在这根棍子上插满了叶子，看起来像一棵树。儿子兴奋得不得了，他情不自禁地喊道："妈妈，我好厉害，我成功了！"

先生找了半天才找到我们，因为他带着女儿玩别的去了，最后发现我们竟然还在原地。儿子兴奋地对爸爸和姐姐喊："你看，我们做成了一棵小树！"

他们不知道，刚才我们有多么幸福，沉浸了足足半个小时。

像这样慢下来享受闲暇的时刻，是增进亲子感情最好的方法。王强老师说："闲暇意味着创造力，对于孩子来说创造力极为重要。一方面，他可以感受到父母的爱、陪伴和接纳；另一方面，也可以在无形中培养或者保持创造力。"

孩子还小，心智还没有足够成熟，对外界充满了好奇。正是因为好奇，孩子才需要慢下来驻足停留，去观察、欣赏、揣摩和提问。父母如果能呵护和培养这种创造力，将对孩子的一生产生巨大的影响。

事实上随着我们年岁的增长，我们对周遭的事物开始变得习以为常。并且因为生活和工作，我们不停地加快节奏，忽略了许多美好的风景。

孩子初来乍到，就像一张白纸，对生命中出现的所有事物都充满了好奇。他就像一个科学家，对什么都想研究一番。事实上，随着这种具体的体验不断增加，孩子也能够慢慢地从中总结出一般的规律和概念。

比如，孩子看到各种各样的水果，一个苹果、一根香蕉……他对数字就有了一些具体的认识。当你去教他数字的时候，他也就慢慢地能够想象出来。

所以，只要不赶时间，我们都可以尽可能地随着孩子的步调来调整自己的节奏，和孩子一起带着新奇的目光去观察周遭的事物。

当孩子有疑问的时候，也可以通过问"你是怎么想的"，让孩子先主动思考。在这种等待的过程中，孩子会给你很多的惊喜。

磨刀不误砍柴工，慢下来，相信孩子，等待孩子，陪伴孩子，鼓励孩子，孩子将会变得更加敏锐，勤于观察，乐于思考，获得持续的改变。

35

培养勇气先从鼓励淘气开始

星期天，我带着两个孩子在楼下玩。秋高气爽，阳光温暖地照耀在身上，特别舒服。旁边是一片小树林，有很多银杏树。风一吹，金黄金黄的银杏叶子纷纷扬扬地落下来，地上都快铺满了。

两个孩子忍不住跑到上面去游戏一番，玩着玩着，女儿找来一根棍子，把那些叶子扫成一堆，然后捧起这些叶子洒向天空，像天女散花一样，特别美。女儿一边扫一边撒一边笑，好不欢乐，儿子也如法炮制。

我说："你们好好玩，等回去以后，我给你们洗澡。"女儿答应了。

旁边有个小男孩正好经过，他爸爸带着他，看起来比我女儿小，比我儿子大。看见我家两个孩子玩得那么快乐，他也被吸引了，站在旁边一动不动。他的老爸却一脸严肃的样子，似乎不喜欢我们这样的做法。

那个爸爸叫孩子走，可是孩子不为所动。他干脆停下来，而那位爸爸只是继续一脸严肃地看他的手机，那个小男孩越走越近，最后站到我两个孩子的身边。

就这样，我们玩了好久，我家的孩子玩得那么欢乐，而那个孩子脸上一丝笑容都没有，可他始终没有离开，一直站在那里呆呆地看。他的爸爸还是远远地站在那里看手机，不为所动，偶尔催促孩子快走，孩子的脚却一直停留在原地。

我内心特别希望他最终能够抛掉一切限制，加入进来，可是他没有。我为那个孩子难过。这样一个阳光和煦，温暖、美丽的秋日下午，他却似乎感觉不到这美好。我猜想，他的内心明明想要加入，明明想要放肆一把，却被什么束缚了他的手脚，束缚了他的心灵，也束缚了他的表情。当然，他的父母可能和我的看法不一样。

在我看来，要鼓励孩子多去接触大自然，鼓励孩子淘气，只要无伤大雅，只要没有生命危险，只要他自己开心，只要他不会影响和伤害到别人的安全，那就让他去尝试和体验吧！

鼓励孩子淘气，鼓励孩子在适当的时候去放肆地玩，可以很好地呵护他的想象力和创造力，也让他多了更多的闲暇，欣赏到更多的无用之美。

放心，有一天他很可能会从这种淘气的玩乐之中，发现真正有价值的东西，甚至寻觅到真正值得他追求的东西。

比如我的朋友曾雨悦，她就曾经非常恣意地去玩游戏，看似很放纵，看似耽误了很多事情，但实际上却给她积累了无形的财富。在那个时候，打游戏需要很快的手速，一来二去，她的手速获得了极大的锻炼。后来她在给永澄老师做幕布笔记的时候，极大地帮助了永澄老师。而永澄老师也对她器重有加，耐心地栽培她。当然，雨悦的成功，还有很多其他方面的原因，比如从小良好的家庭教育，非常宽容支持她的父母。而她那几年肆意打游戏的经历，无疑也是她一笔非常宝贵的财富。

一开始对孩子要求过于精准，孩子看起来好像很乖巧，可能更加容易通向成功，但实质上会少了一份灵气和创造力，到最后可能缺少动力，他的潜力就无法释放出来。

　　如果一开始我们就告诉孩子不能这样做，必须要那样做，那么孩子的童年不但少了很多的乐趣，也少了很多在犯错中成长的机会。

　　等到孩子长大的时候，他可能会对童年感到遗憾，因为这些东西他都不曾有机会去尝试。

　　有时候，直接告诉一条他可以直行的道路，未必会对他有好处，反而是一种拔苗助长。人始终要去探索，要去摸索，经过摔打之后才会知道什么最宝贵。

　　当孩子去试错了一番，去探索了一番，这个时候再适时地陪他一起总结经验。他很可能会突然醒悟，去寻找和接受更加好的方式。

　　所以在我看来，鼓励孩子淘气，让孩子尝试不同的东西，其实也是一种让孩子真真正正按照自己的方式去成长，真真正正学道、悟道的方式。

　　我们家两个孩子，他们的衣服总是脏兮兮的，刚换了又脏了，因为他们总是会去做各种各样的尝试。尤其是去郊外的时候，他们会挖泥土、捉虫、追逐蝴蝶、往水里面飞石子儿，或者趴在地上观察一只蚯蚓。也有可能花一整个下午，捡来各种树枝和落叶，拔些青草，给昆虫们搭建一个新家。孩子们也不知道会不会有昆虫过来，住上这样一个孩子搭建的家。但我知道至少在心里，孩子们这么认为了，那就够了。因为每次当孩子离开那里的时候，他的内心是充满喜悦的，也是充满成就感的。

　　所以每次我就在旁边守护，我告诉孩子，当你需要妈妈支持的时候，需要妈妈帮助的时候，妈妈甚至可以帮你一起去拔些青草，捡几根木头，只要你喜欢。如果你喜欢做各种各样的事情，那么就去做，妈妈会静静地陪伴你。这当中，孩子可以体会闲暇的美好，去体验这缤纷的大自然。

　　所以，鼓励孩子淘气吧！鼓励孩子去做各种尝试，鼓励孩子想做什么就去做什么，只要他安全就好。你将会收获一个充满灵性的孩子，一个有创造力的孩子，一个敢于尝试的孩子。

第八章

教练式育儿法成就孩子的未来

36

孩子的鼓励会让你变得更好

一天，先生出差了。吃完晚饭，我带着两个孩子出去散步。

好几天没有跳绳了，有些腰酸背痛，我猜想我大概跳不动，不过，我还是带了跳绳。

其实在那之前，我已经跟着永澄老师的跳绳小组跳了一段，基本上做到了每天跳 1500 下，当然，总有一些时候有其他的事情，跳不了绳。但一周下来，总能跳 7000 下。

我连续跳了两三个月，感觉浑身轻松也不腰酸背痛，每晚跳绳的时候，有一种身手矫健的感觉。

可等到 10 月份，工作非常忙，经常加班，碰巧先生也经常出差，我每日还要辅导女儿功课，给两个孩子讲故事，一到晚上就更忙了。

这样一来，我甚至晚上出去遛弯和锻炼的机会就都没有了。时间一长，我常常感觉腰酸背痛，我想再这样下去是不行的，必须要调整一下。

所以那天女儿功课比较少，我们出去散步，出发前我想了一秒钟，还是决定带着跳绳出去。

到了小区里的游乐场，孩子们开始在游乐场里开心地玩儿。我有些纠结，到底要不要跳绳？锻炼身体很重要，但想着要跳完1500下，真是好难。

突然，我把目光转向了女儿。

"宝贝儿，妈妈跳不动了，是不跳，还是只跳100下，你说呢？"

其实，我是把选择权让给了别人，我想让孩子们告诉我："妈妈这么辛苦，别跳了，坐下来休息吧，没关系的。"

没想到，女儿想了一下说："妈妈，你要坚持啊，如果你很累，那你至少跳100下吧。""好吧，那我就跳100下，应该挺容易的。"我如释重负，想着只要把100下跳完就好。

三岁半的儿子听了赶紧反驳说："妈妈，不行，100下太少了，要跳1000下才行。"

"宝贝儿，1000下我今天跳不动，要么我还是跳100下吧。"我希望儿子不要那么坚持。儿子却坚持说："妈妈你要跳1000下，我给你加油！"

"那好吧，那我就加油吧，我试一下。"小朋友都这么发话了，我不好意思拒绝，不然下次我怎么教育他们？

儿子听完就高高兴兴地去游乐场上骑滑板车了。

我打开跳绳软件，开始艰难地跳起来。我想以我今天的状态，能跳个500下已经是很难了。于是，我设了500下的跳绳目标，省得一口气跳1000下，把自己累死。

我以为我会跳不动，但是想着儿子对我的鼓励，我就拼命地跳，好不容易终于跳到了500下。

隔了一会儿，儿子跑过来问："妈妈你跳了多少下？"

"我已经跳了500下！"

"妈妈你加油！妈妈你真棒！"

受了孩子的鼓励，我还挺开心的。我平时习惯了鼓励孩子，现在孩子反过来鼓励我，尤其在我感到艰难想要放弃的时刻，听到孩子一句"你真棒"，我突然觉得特别有力量，特别感谢孩子对我的鼓励。

我心想，我可不能辜负孩子的期望，我要以身作则。孩子鼓励我，我就要努力去做，就像我鼓励他们的时候，他们也拼命去做一样。

这让我想到了教练，在教练的过程中，教练本身也要起到榜样的作用。我们自己也要弄清楚自己想要的是什么，如果自己找到了高效的方法，就要一路走下去，活成一个榜样的样子。这样才会发自内心地相信，改变是一定会发生的，改变不可避免。这个时候我们才会具有极大的信心。

而这种信心在教练的过程中是能被客户感知到的，客户才会更加愿意相信教练。同时，他们也相信自己，一定可以做到。

因此，对我来讲，如果我要鼓励孩子们做得更好，那么首先我自己要做得更好。

于是，我又设定了500下的目标，重新开始跳起来。儿子依然时不时地跑过来给我加油，这样我跳得越来越热，挥汗如雨。虽然还是会断绳，但是我始终没有放弃。

我开始沉浸下来，就这样一直跳。最后我终于又跳了500下，加起来一共跳了1000下。看到孩子们还没有玩够，我又继续跳了100多下。

我把孩子们叫过来，说："妈妈刚才跳了1100多下，我做到了！"

孩子们都禁不住赞叹起来："妈妈你太棒了！你跳不动了，还能跳1000多个！"

两个孩子边说还边扑上来拥抱我，在关键时刻孩子们反过来鼓励我，真是幸福啊！

试想，如果平时我很少鼓励孩子，孩子也不会养成鼓励别人的习惯。很多好的习惯以及良好的家庭氛围，都是通过父母日积月累的言传身教，孩子们耳濡目染学来的。

想到这些，我更加有力量，要持续去鼓励孩子们，这样我们就能互相鼓励了。

37

教孩子更有效率地利用时间

001

每次女儿吃饭的时候，总是像个演说家一样走来走去，边走边说。她总是喜欢在这段时间内发表自己的长篇大论，吃饭时间成了她的演说时间。

除非她饿得发慌，或者看到桌上有极其喜欢的食物，怕被人抢掉。否则，她总会在饭桌上说个不停，仿佛饭桌就是她的演说空间，必须要拼命逮住这个机会才行。

不管我们跟她说过多少遍，她都不为所动。似乎在她眼里，吃饭的这段时间是用来说话的，不是用来吃饭的。

同时，我又深深折服于小小年纪的女儿竟然如此能说会道，妙语连珠。我忍不住会去夸奖她几句，但同时我又会有深深的担忧，每一次女儿吃饭都这么拖延，总是不能吃上一口热菜热饭，而且每次还嫌饭菜不好吃，吃得那么少，如何才能长身体呢？身体没有打好基础，如何才能走得更远？

真正让女儿发生改变的，正是在我对时间管理有了更深刻的认识之后。

在我跟随永澄老师学习教练技术之后，我对人生有了更加清晰的认识。我开始逐渐认识到，自己需要找寻、构建并且实现我的下一个人生梦想。

永澄老师反复叮嘱我们，作为一个专业的教练，正式的约谈一般应该控制在半小时左右，而不应超出时间太久。时间拉得太长，教练和客户双方都会感觉比较疲惫。而且这是用时间去弥补效果不足的窘境。一定要从逻辑层次的身份层、信念价值层入手，总体上有效地缩短时间。

永澄老师反复叮嘱，一定要提高我们单位时间的利用效率。

002

如何提高我们单位时间的利用效率呢？

首先要有中长期视野，明白你真正想成为什么样的人，你中长期的目标以及你的阶段性目标是什么？你想要的以及你的目标可以指引你的。否则你很有可能就像黑暗中在大海中航行的大船，没有方向，没有指引，一片迷茫。

其次，在明确了你的目标以及你要成为什么样的人之后，就要围绕你的终极目标、你的梦想去思考，什么对你来说最重要。

我的语音写作导师剑飞老师，是《极速写作》的作者。他总是对我们说："要站在今后50年的终点来看，对你来说什么是最重要的。如果在那个点上回看，我们现在所做的事情是不重要的，那么尽量就不要去做，人的生命太有限。"

《拿破仑·希尔成功学全书》中，在关于合理利用时间那一篇中写道："人的一生假如能活到80岁，而其中真正能够有效、有充沛的精力去利用的时间，大概也就2万个小时。"

因此我们始终要考虑，什么事情对我们来说最重要，排出优先顺序，那些不是那么重要的事情就尽量少做。比如通勤时间，比如吃饭时间就要尽量缩小。

同时，我也开始跟着剑飞老师学习时间记录。有人说："他是在现实生活中最接近柳比歇夫的那个人。"在跟着他做时间记录的过程中，我越来越认识到时间的宝贵。所以也更加想好好地利用这些时间，并且和孩子合作，一方面照顾好家庭，让孩子健康成长；另一方面自己也能够达成自己的梦想。

003

于是我又去跟女儿去沟通。

女儿说："我想成为一个科学家，成为一个有创造力的人。"

我说："要成为一个科学家、一个有创造力的人，什么最重要？当然是阅读，还有写作。那么为了能让你阅读和写作，现在最重要的就是尽可能地去学拼音，并且认识更多的字。与此同时还要学好英语，这样你将来作为科学家，才能跟世界顶尖的学者做更好的交流，否则只能闭门造车。如果你等着别人翻译，一方面人家翻译的可能不那么准确，另一方面等别人翻译的话，必然造成时间的滞后。另外，数学也要学好，这样你将来才能更好地验证你的实验结果。因为做科学家务必要量化，不能只在大脑中去想象，去思考，去做思想的实验。所以现在每天对你来说，什么事情是必须要做的，什么事情是可以尽量减少时间，加快速度去做呢？"

在我的启发和循循善诱之下，女儿认识到，每天晚上我给他们阅读是很重要的一件事情，必须每天要做。而且我给他们阅读故事的时候，抑扬顿挫，非常形象，极尽夸张之能事，所以特别有意思。在这个过程中，孩子还可以和我有一些思想上的交流。画画是她的优势，所以她每天要画一些画，把自己想象的故事描述出来。

还有，在她认识足够多的字之前，每天要花点时间去听点历史或者名人传记，通过这样的方式持续扩大自己的阅读量。

但前提是，每天的作业都必须完成，因为英语、数学和语文作业是基础。

而在做作业的过程中，最关键的是要花时间去琢磨、研究那些规律，真正理解透关键的概念，所以要集中注意力把作业尽快做完。

在做作业的过程中，刚开始要思考清楚，做完之后要琢磨、反思。尤其是那些困难的问题，更要仔细思考，这样才能进步得更快。

反之，在做作业的过程中磨磨蹭蹭，对做作业没有先后顺序的安排，宝贵的时间就会在这个过程中一点一点流逝。那么单位时间的利用效率也会大大地降低，如果你有其他重要的事情想做，也没有时间去完成了，因为对于学生来说，每天的作业是必须要完成的。

与此同时，每天吃饭的时间就要尽量缩短。

经过协商之后，我们一致认为吃饭的时间控制在半小时内是比较合适的。

而且，我建议女儿，每一次吃完饭之后，跟全家人宣告："我吃完了。"

这样做的好处就是避免家里人一遍又一遍地催她，尤其是奶奶和爷爷总是问她："你吃饱了吗？再吃一点吧？"如果一直被这样催促的话，心情也是不太好的。

经过这样的沟通之后，女儿开始改变了想法，半小时内就能够吃完饭。又因为不断得到家人的认可，获得了正向反馈，她写作业的速度也越来越快。慢慢地，她变成了一个懂得提高效率的人。她自己也很有成就感，而我们也为她的成长感到开心。

38

不参加培训班也能学有所成

001

新学期开学不久，先生给我发来消息，说他想给女儿报个写字培训班。那个写字培训班就在学校旁边，看起来还挺抢手的，他想赶紧给她报名。

我马上给他回电话，问他怎么想到要给女儿报培训班，以前他对培训班并不是那么热衷。

先生说："女儿有时候回家以后会看电视，而我要办公，没时间管她。正好放学了，在那边有个地方可以让她学一下写字，也让她能更好地适应小学。"

我心想，只要女儿愿意，先生想给她报，那就报吧。我请先生务必要问一下女儿的心意，她是否愿意，是否准备好了去参加写字培训班。如果她不愿意去的话，就不必强求。

一个人必须有强大的动力，有意愿去做一件事情，才能会有所成果，否则他就不能全身心地投入，也就不能够做到事半功倍了。

我还没到家，先生就给我打了电话，说："今天，我已经给女儿报了培训班，并且上了第一堂课。但女儿好像不太喜欢上那个写字培训班。我已经劝过女儿了，但劝不动她。等你回来，再跟女儿做做思想工作，尽量让她参加这个培训班，不能说放弃就放弃，也让她提高自己的适应能力。"

002

果不其然，我一到家，女儿就哭丧着脸跟我说："妈妈，我不想参加那个写字培训班！"

我牵着女儿的手，把她带到房间。我搬来一张凳子坐在她的床头，让她坐在床上，我们就这样坐着。

"来，妈妈抱抱，你看起来好像不太喜欢这个写字培训班，还有一点委屈，是吗？"

女儿一听，眼泪就流下来了。

"宝宝，你要先哭一下，还是要先告诉妈妈发生了什么？妈妈等着你。"我温柔地注视着她，听她一点一点地说出来。

"今天，我在那里参加培训班，老师说我写字写得太慢了。我很难过，我确实写得太慢了。因为我是第一次上这培训班，而且刚刚上小学，很多字都还不认识。"女儿有些低落，一边哽咽，一边跟我说。

"嗯，还有吗？"

"还有后面的那个女同学也一直在说我写得太慢，气死我了！"女儿气愤地喊道。

"你能给我多说一些吗？"

"她写字写得很快，在开始上课前，她就在炫耀，说她的字写得很好，她想在这里练习，把自己的字写得更好，这样就可以超过他们班的另外一个同学了。她太得意了，我不喜欢她。"

"嗯，宝宝，还有吗？"

"上课的时候，老师说有一个字很难，可能大家都不会，老师就让大家不用担心，慢慢来，结果那个女同学马上很得意地说，这个字她认识，很容易。可是那个字我还没学过，确实有点难。"

"嗯，还有吗？"

"还有就是那个教室太小了，我感觉很闷。我不喜欢，一点都不自由。我不喜欢老师，也不喜欢这里的同学，尤其是那个女同学，更不喜欢那个小小的教室。"

"那你想要继续参加这个培训班吗？"

"妈妈，你帮我退掉吧，我一点也不喜欢，我讨厌这个培训班。"

"那如果我们下次参加一个别的培训班，你希望那个培训班是什么样子呢？"

"妈妈，我希望那个培训班里的老师非常温柔，爱笑。同学们关系都特别好，互相鼓励，也没有人炫耀。即使我写得慢，老师也会鼓励我，等待我，就像以前我去参加的画画培训班一样。即使我画得慢，老师也一直会等着我，还会把我的画展示出来给大家看，鼓励我，说我画得认真，而且画得好。"

"是啊，妈妈还记得当时班里有的孩子根本坐不住，匆匆忙忙随便画几笔就跑出去玩儿了，而你每次都特别认真，一直坐在那里，非常投入，总是认认真真地画。每次你都画得特别好。还有后来，你参加黑猫警长动画班培训的时候，老师也总是鼓励你们，同学们也在一起玩得特别开心，你的进步非常大。我记得每一次上课结束之后，老师都会通过贴星星的方式给你们当节课的作品打分，最好的是五颗星。但有好几次老师说你做得太好了，竟然给了你六颗星。"

"是呀，我很喜欢那样的老师，那样的培训班，我觉得特别受鼓励。"女儿的脸上似乎有些神采飞扬。

"如果能在那样的环境里上课，你是愿意的，对吗？"我再次跟女儿确认。

女儿说是的，并且她再一次恳请我把这个写字培训班退掉。

我再一次问女儿："宝宝，你之前说过，有一次听了武志红老师的心理学课，说人生应该去承受一些恰恰好的挫折，这样你才能成长得更好更快。你是不是愿意把这一次当作一次恰恰好的挫折，再去尝试一次呢？"

女儿很坚决地否定了。

于是我跟女儿说："我再去跟培训班的老师了解一下情况，再做考虑。同时，如果老师不答应退的话，妈妈也希望你能够再去尝试一下。"女儿答应了。

003

第二天，我找培训班的负责老师了解情况。老师说："你的孩子确实比较敏感。当我提醒孩子快一点，不然的话会来不及的时候，我发现孩子没有声响，只是继续在写。"

当她第二次提醒我女儿要写快一点的时候，发现女儿的眼睛里有泪。隔了一会儿，突然发现女儿朝着后排的女同学大喊："你们不可以一直这样批评我！"

老师这才发现，后排的女同学也在说女儿写得慢。她赶紧盯着那个女孩子和别的孩子，提醒他们不要再说。

老师说："孩子很快就安静下来，一边含着眼泪一边继续认真地写完了作业，虽然写得有点慢，确实拖堂了，但是孩子还是认真地把它写完了。"

又隔了一天，培训班的老师特地给我打了个电话，主动跟我说："培训班直接帮你退掉吧。"

我内心希望老师跟我说："下次我们会多观察孩子，多鼓励她，让你放心，慢慢适应。"不过，我也不能强求别人投入更多的精力来帮助我女儿适应这个环境。既然人家愿意把学费全部退还，我也没什么好说的，我还是要感谢一下那家培训机构的老师这么爽快。

于是，我感谢那位老师，挂掉了电话，赶紧把消息告诉了先生，先生也知道了前因后果，不再勉强女儿。

晚上等我回来把消息告诉女儿的时候，女儿一把搂住了我，开心地直说："妈妈，太谢谢你了，妈妈，我爱你！"

这件事情让我明白，孩子的学习是勉强不来的。

当我们去帮孩子报培训班的时候，可能要考虑如下的因素。

首先，这个培训班的整体环境，包括老师的性格和态度，学习的氛围以及同学之间的友好程度都至关重要。只有互相鼓励、互相支持和轻松快乐的环境，才能给孩子提供成长的沃土。

如果孩子一开始就不喜欢这样的环境，内心有冲突，而父母还要花费大量的时间让孩子逐渐适应这个环境，其实是一种精力的耗损。

如果这个培训班极其重要，不能割舍，而且这当中确实有一些误解，老师也愿意帮助孩子，那么父母就可以和老师配合好，帮助孩子转变心态，适应环境。

女儿刚上小学那会儿还不太适应，但是在这个过程中，我会把孩子面临的一些困惑及时与老师沟通，而老师也非常及时负责任地做了反馈和协调。孩子很快就适应了小学的生活，也越来越喜欢上学。

另外，在我看来，孩子学习某一个知识或者技能固然重要，但这并不是最重要的，最根本的还是要让孩子保持一颗好奇和好学之心。在这个基础上，着重去锻炼孩子的思维能力。如果培训班不能做到这一点，那么作为家长的我，就需要再斟酌一番了。

所幸后来女儿在上学的过程中，渐渐认识到了写字的重要性，而我也巧妙地教会了她如何把字写得更漂亮。

字如其人，关键是写出气势。而认字则是要在平日的积累中，用心去学、去练。最关键的是，通过认可和鼓励，激励孩子把字写得更漂亮，只要用心，加之方法正确，勤加练习，假以时日，必能有所成。

39

巧妙引导孩子把字写得好看

001

下班回来的路上，我回听了一下女儿刚上小学一个星期时的录音。

我发现那个时候女儿最大的困惑在于很多字她不认识，而且她也反复强调自己写的字太丑了，都不好意思给别人看。她期待我教她多认一些字，也期待我教她好好写字，写得漂亮一点儿。

前几天，女儿写的字被老师展示在家长微信群里，让大家去效仿，老师认为我家孩子的字写得特别认真、工整和漂亮。

我们是如何做到的呢？

一个人要发生改变，首先要觉察，觉察是改变的第一步。只有觉察到自己的不足，才会有改变的动力，才会有变好的可能。

通过觉察，突破自己的限制，改变和成长就此发生。

其实我们的教练技术也是这样，通过聆听和提问促使客户对自己有更多的觉察，从而进一步深挖背后的价值，产生想要改变的动力。

那么在写字这件事情上，我是如何让女儿做到觉察，并让她产生巨大的改变呢？

一天晚上，女儿把她在白天课堂里的拼音拼写拿过来给我看。

我打开拼写本，发现上面写了很多拼音，颜色非常深，一看就特别用力。有些地方因为写错了还用橡皮擦过，但是擦得并不彻底，还能清楚地看到之前写过的痕迹，这大概是因为写得太用力，用橡皮擦的时候很难擦掉。

我能想象女儿在课堂上全神贯注地盯着自己的作业本，集聚自己右手的力量，极度认真地写字的样子。

同时，我发现女儿的拼写并没有占满中间那一格，还有些音节之间，会有比较大的空格。

其实那段时间女儿刚上小学，有点患得患失，还不适应。孩子们做得好，老师会给孩子们盖上鼓励的章。但是那个时候女儿担心的却是万一自己做得不好，又被扣章了，那该怎么办？

而且那个时候，她和班里的同学也不太熟，不太敢跟别人打交道。

002

刚上小学时，我没有给她报任何幼小衔接的培训班。以前在幼儿园的时候，每天基本在玩，知识方面学得很少。所以上了小学，很多东西还不会，很多字也不认识，压力比较大，她也不敢跟老师提问。

尤其是她跟老师们还不熟，有时候老师严肃一点，孩子就会害怕，甚至会因为老师不苟言笑而不喜欢老师。

这些字也反映了女儿当时的状态，畏畏缩缩，带着恐惧。

我迅速观察并思考了之后，开始试着引导女儿。

"宝贝，你看你的字颜色那么深，有些地方擦都擦不掉，你肯定写得特别认真、特别努力。这种态度值得我学习，你真棒。"

女儿听了很受鼓励，本来还有点惴惴不安的她，脸上露出了笑容。

"宝宝，我有一个发现，不知道你愿不愿意听我讲？"我微笑着，温柔地问她。

"什么发现，你说吧妈妈，不要紧的。"女儿似乎放开了。

"我发现那个音节被分成了两部分，它们中间有很大的空格，好像它们关系不太好，不太敢交朋友，你要不要把他们变成好朋友呢？"

女儿听了这话，不禁笑了。

"宝宝，你还记得小熊绘本里的小兔子吗？别人在玩泥巴，玩得很开心，它也很想加入，想交朋友，但是它躲在一棵树后面，尝试跟人家说话，但声音特别小，别人都听不到。最终它鼓起了勇气，大声地问：'我能跟你们一起玩吗？'大家终于听到了，赶紧让它加入。最后，小兔子和大家一起玩得很开心。"

"是啊，我也记得！"

"要么我们也想个办法，让这个音节中间的每一个声母和韵母都变成好朋友，凑得近一点好不好？"

女儿笑着回应说："当然可以，我来帮他们。"说着，她就找了橡皮，把后面的拼音给擦了，并重新写了一遍，让声母和韵母紧紧地挨在一起。

"谢谢你，宝宝，你让它们又变成好朋友了。"

女儿听了觉得很有成就感，脸上得意得不得了。

我乘胜追击，继续说："如果是你崇拜的曹操穿越时空，看了你写的这些字，你觉得他会怎么说呢？"

女儿想了想，迟疑地说道："可能他觉得我的字写得有点小……"

"宝宝，你还记得你曾经说过，你想成为一个什么样的人吗？"

"我想变成一个很厉害的人！"她回答道。

"那你还记得暑假期间总结的交朋友规律吗？你说你喜欢外向，要做一个外向的人，去打开自己。这样才能成长，才会变成一个厉害的人。如果你已经是这样的人，你觉得你的字会长成什么样子呢？"

女儿一阵沉默。接着，她抬起头来，坚定地看着我说："我的字还要写得大一点，它们现在看起来有点害怕似地缩在那里。如果我写得大一点，它们看起来就会非常勇敢，非常自信。"

"宝贝，你说得太好了。如果你把它们再写得大一点，舒展开来，你想想你的字是不是就会变得非常大气？就像一个顶天立地的人，一个具有成长型心智的人，不怕犯错，敢于迎接任何的挑战！"

女儿的心似乎被打开了，她脸上满是笑容，兴奋地说道："是啊，就是这样的！"

"那么，宝贝你愿意再尝试一下吗？把今天所有的这些拼音全部都写一遍？"

"可以呀！"女儿非常爽快地答应了，她跃跃欲试，急着想要变成另外一个人似的。

我就守在她的身旁，我在看书，而她在写字。

003

她写得非常认真，过程中都不曾跟我讲过一句话。

过了好一会儿，她终于写完了，然后非常庄重地把本子递给我，对我说："妈妈，你帮我看一下吧。"

"你写的字舒展、大气、勇敢！我看到了一个大气的你，似乎充满自信。有一个词语叫字如其人，现在的字就像你这个人一样，特别协调。我很喜欢，你自己喜欢吗？"

女儿听得乐开了花，特别受鼓舞："妈妈，我也很喜欢，我太开心了。"

"宝宝，你再看一下，你刚刚写的字和你之前写的字，最大的不同是什么？"

"前面的字太小了，好像很委屈似的，现在彻底放开了，我觉得特别舒服。妈妈，我好高兴啊！"

"太好了，你应该为你这种发现感到自豪！你明天去学校，也会用这种新的方式去写字吗？"

"哈哈，那当然！"

　　"宝贝，来，把你写的字拿去给爸爸看一下！"我兴冲冲地牵着女儿的手，拿着她的写字本给先生看。

　　"你看我们女儿的字写得多大气，变化多大！"我喜滋滋地夸赞。

　　先生一看，接着又对女儿一阵夸奖，女儿笑得嘴都合不拢了。

　　令我惊喜的是，第二天上学回来，女儿就拿着得了 A+ 的写字作业给我们看，一脸的骄傲。

　　我趁机问女儿："宝贝，你觉得是发生了什么，让你的字在一天之内有这么大的变化？"

　　女儿大笑，回道："那是因为有高手的指导。"

　　我故意装作好奇地问道："那个高手是谁？能告诉我吗？"

　　"当然是你啊，妈妈你好厉害！"

　　"我这个妈妈，要女儿的夸奖也要得太直接了，哈哈哈……"我大言不惭地说道，女儿又被我逗乐了。

　　究其根本，还是要是用"yes, and"的原则和比喻的方式，巧妙地让女儿觉察和欣然接受她要改进的地方，改变就会慢慢地发生。

40

女儿自己创作的两个小故事

001 幸运的大鳄鱼卡卡

大鳄鱼卡卡掉了两颗大门牙。

一个月后就是自己生日，卡卡非常着急，他问妈妈："妈妈，我没有这两颗牙，该怎么办？我怎么吃我的坚果蛋糕？一个月后，我的门牙会长出来吗？"

妈妈用温柔的声音说："亲爱的，你只要耐心等等，牙齿就会长出来了。别怕，今天晚上妈妈就给你讲个故事。"

妈妈果真讲了个故事，讲的是关于钻石的故事。

说着说着，卡卡的两颗新门牙竟然长了出来。原来，牙齿们也着急出来，好听妈妈讲故事呀！

终于到了该吃蛋糕的时候，卡卡自己会做蛋糕，他做了坚果味的蛋糕。他还做了一些猪肉饼、大白菜以及松果片，又软又咸，还有肉松呢！当然还有最甜的蜂蜜，真是太美味了！

生日宴会开得很成功，鳄鱼卡卡真是好幸运啊！

002 穿山甲的家

从前，有只穿山甲没有家。

春天到了，它捡到了一枚银杏树的种子。种子已经发芽了。穿山甲心想，要是它能长成一棵可爱的小树苗，那就太好了。这样想着，它就把发了芽的银杏种子种在了土里。

穿山甲还折了一根柳树枝，插在边上，和银杏做个伴。因为妈妈曾经告诉过它，柳树的生命力特别顽强，一根树枝就能长成一棵新的柳树。

穿山甲还在土里挖呀挖，突然，它挖到了一眼泉水。它在中间造了一个小湖，当作它的游乐场。太阳照在天上，穿山甲很开心。

它又在附近的小溪边捡了些石头，围着小湖摆了一圈，就像给小湖戴了一串漂亮的项链。

接着它又折了几根柳树枝，继续插在土里。它还种了好多其他的树，比如芭蕉树。它又种了一些花，比如康乃馨、玫瑰花……这样穿山甲又有了一个小花园。

你知道穿山甲最喜欢什么树吗？当然是银杏树。

哦，对了，小溪里有很多鱼。穿山甲还跑到山间的小溪里弄了一些水过来，可是这样太慢了。穿山甲想到了一个办法，它挖呀挖，终于把山间的小溪跟自己家的小湖连起来了。

"我可以有很多鱼啦，小溪里的鱼会朝我的小湖这边游过来，我太会想办法了。"

后来，穿山甲又找来好多石头，它想着用银杏的粗树枝再加些石头，应该可以改造成一个穿山甲之家了。这样想着，它就开始做起来。

穿山甲先用树枝搭了一个构架，然后再用各种各样的石头在旁边围了个大圈，再做个门，在上面铺了好多好多银杏树的树叶，又在地上铺了一层干草，真是个超级温暖舒适的家呢！

等到它白天出去散步时，路过自己的芭蕉树林，它看到芭蕉树巨大的叶子，突然有了灵感。它摘来芭蕉树的树叶当屋顶，还用削尖的木头当钉子，把芭蕉树叶固定好。最后他铺上防水布，这样屋顶就不会漏水了。

它想："我还要创造一个更温暖的地方。"有了！它要找很多干草和鸟儿们掉落的羽毛，铺在家里的地上。

很快，穿山甲就收集到了很多鸟羽毛和干草，铺在地面，又软又可爱，真是好舒服啊！

穿山甲想有一些自己的宠物，于是它就开始工作起来了。

首先它找来了很多工具，比如锤子、钉子等。

然后它在旁边的施工地上捡了几块木板，搭了一个小狗的家。

它还在边上搭了一个窝，铺了一些鸟羽毛，旁边还有一个小滑梯，可以爬来爬去。这是为了它最喜欢的小仓鼠做的呢！那可不简单。那个家有四部分，有两个梯子，而且还有几个门是关着的，等着那些仓鼠去研究。

另外还有小兔子的窝。因为小兔子很爱吃萝卜，可是萝卜没有那么多，于是穿山甲种了一块地，秋天的时候它会拔很多萝卜。自己地里没有萝卜时，他也会买很多。它会把一个萝卜切成好多片，喂给小兔子吃。

这还不够，它还搭了好多笼子，请了好多小动物住进来。

穿山甲可开心啦！自己的家什么都有。